CLASSICI IT.
OTTO-NOVECENTO

A cura di
Antonio Carlo Ponti

COLLODI
(Carlo Lorenzini)

LE AVVENTURE
DI PINOCCHIO

Introduzione e note di
Luigi M. Reale

EDIZIONI
GUERRA

ISBN 88-7715-166-8

Proprietà letteraria riservata - *Printed in Italy*

Prima di copertina:
 Illustrazione di Luigi e Maria Augusta Cavalieri,
 Adriano Salani Editore, Firenze 1925.

Quarta di copertina:
 Carlo Collodi in un disegno di Serena Cavallini.

Quando Carlo Lorenzini (famoso con lo pseudonimo letterario di Collodi) si accingeva nel 1881 a scrivere, sul "Giornale
per i Bambini", la *Storia di un burattino*, non poteva certo immaginare la strepitosa fortuna che quel suo racconto destinato
ai più giovani lettori avrebbe riscosso, diventando un classico,
non della letteratura per l'infanzia, ma della letteratura *tout
court*. Non avrebbe potuto mai prevedere quale proliferazione
di interessi sarebbe scaturita da quel Pinocchio (soprannome
che in toscano vuol dire *pinolo*; cioè, per metaforico traslato:
cosa da nulla). Infatti, intorno a Pinocchio è fiorita una straordinaria letteratura parallela, e le edizioni del libro, tradotto in
tutte le lingue del mondo (anche nel latino di *Pinoculus*!) non
si contano più.

Nello spazio di questa introduzione, sarà difficile enunciare
delle novità su Pinocchio, che d'altronde ci pare non abbia bisogno di presentazioni. Ma è necessario iniziare a semplificare
il "caso Pinocchio", cioè a depurare il personaggio letterario (e
concordemente l'opera) da attributi eteronomi, qual è di un
Pinocchio *engagé*. È necessario, insomma, restituire anzitutto
Pinocchio, il libro di Pinocchio, alla sua dimensione ottocen-
tesca, senza sovrapporre ulteriori interpretazioni (e spesso si è
trattato di pretesti a, sia pure intriganti, variazioni sul tema),
demitizzando la figura del burattino di legno.

Restituire Pinocchio all'Ottocento, significa inserirlo nella
prospettiva che gli è propria e più idonea, quindi anche nel-
l'immediato *background* di quella letteratura italiana che,
a tre anni di distanza dalla prima edizione in volume del
capolavoro collodiano, assiste all'apparizione del capolavoro
del *Cuore* (1886) del De Amicis. Occorre dunque, ed è ormai
acquisito, spogliare il racconto dal moralismo pedagogico di
cui si è rivestito.

Ciò non vuol dire, si badi bene, negare la modernità, che

è l'attualità assoluta, del libro e della storia; anzi, vale a ribadirla, appunto nel momento in cui si avverte come non è possibile caricare Pinocchio di sovrastrutture e di addizionali (o ipoteche) ideologiche, che non è detto non sopporti, ma che ne impediscono la lettura chiara e sincera. Perché, se davanti a Pinocchio ci poniamo già armati di tutto il nostro sapere, rischiamo di fraintenderlo in partenza. Chi scrive, ha patito proprio le contraddizioni del lettore smaliziato, che sa troppo su Pinocchio, al punto da non stupirsi più. Sa, ad esempio, della fonte, rappresentata, per taluni episodi, dalla *Storia vera* di Luciano di Samosata, dall'*Asino d'oro* di Apuleio, e dal *Decamerone* del Boccaccio; e non è rimasto immune (in quanto hanno esercitato una segreta suggestione) dalle varie sofisticazioni cui la vicenda di Pinocchio è stata sottoposta. Del resto, chi scrive è altrettanto tentato ad aggredire Pinocchio, per quella (volontaria o involontaria, che sia) carica di polemica ìnsita nell'invenzione del Collodi. Eppure, adesso sente di dover invitare a leggere Pinocchio come se di Pinocchio non si fosse mai sentito parlare.

Sappiamo che Collodi considerava, con arguto motteggio, il libro di Pinocchio una «bambinata»[1] (e non ignoriamo le circostanze materiali che, a quanto tramanda un aneddoto, al quale però non siamo più propensi a credere, lo indussero a scriverlo, per assolvere a debiti di gioco). Notizie, che non diminuiscono e non inibiscono certo la nostra attenzione per Pinocchio. Insomma, dovremmo ormai essere disposti francamente alla lettura, liberi da influenze esterne. Rinunciamo senz'altro a riassumere qui la trama del racconto; ma, è inevitabile, la lettura non può essere vergine, tanto nell'immaginario collettivo si sono radicati i protagonisti, a vario titolo, della fiaba: maestro Ciliega e Geppetto, il naso di Pinocchio, il Grillo-parlante, Mangiafòco, il Gatto e la Volpe con il Campo dei miracoli, la Fata dai capelli turchini, la Lumaca, Lucìgnolo e il Paese dei balocchi, il Pescecane e il Tonno...

---

[1] In una lettera a Guido Biagi, di cui si legge un brano in *Tutto Collodi*, a c. di Pietro Pancrazi, Le Monnier, Firenze 1948, p. XXIX.

Indugiamo invece (con la sintesi di riferimenti essenziali) sul testo, affrontandone lo specifico della lingua e dello stile, che più interessa. Collodi stende su tutta la superficie del racconto la scintillante vernice del toscano nativo. E si tratta non solo di una pervasiva azione del tessuto lessicale (ossia nel vocabolario o, più sottilmente, nella nomenclatura), quanto di una energia espressiva che sollecita dall'interno la dinamica della narrazione; quella «sicurezza», che è efficacia, «stilistica» e quel «gusto della parola» (estrinsecato nella sapidezza del parlare toscano), denotate dal Chiappelli, il quale osserva inoltre con molta pertinenza: «Il sistema espressivo del Lorenzini è caratterizzato da una massima consapevolezza linguistica. Una profonda conoscenza e un infallibile senso della lingua: di ordine non prevalentemente lessicale, ma anche largamente sintattico e semantico» [2].

Il lettore viene a incontrarsi con una sintassi semplificata tramite il modulo preferenziale e congeniale della paratassi, con l'inserzione di frequenti didascalie – sul tipo anche di «Come potete immaginarvelo...», inizio del cap. XVIII (ma indicando cioè tutti gli interventi del narratore, e in particolare l'usitato espediente dell'allocuzione diretta al lettore, così nel cap. XXXI) –, adibite a coinvolgere l'attenzione di chi legge, che riempiono lo spazio intermedio alle scene dialogate.

Soffermiamoci un istante a rilevare come, in virtù appunto della movimentazione del dialogo (o del monologo del primo attore), Pinocchio partécipa della favolistica popolare, per quella svelata identità di maschera teatrale, della Commedia dell'arte (fratello pietoso a condividere la sorte di Arlecchino e Pulcinella nel teatro di Mangiafòco) che si tramuterà finalmente, deposta la spoglia del burattino di legno senza fili, in «un ragazzo come tutti gli altri».

Ai procedimenti stilistici sopra dichiarati, tipici del genere letterario cui il Pinocchio appartiene, si unisce dunque (per l'immediatezza comunicativa) la scelta coerente di un apparato

[2] FREDDI CHIAPPELLI, *Sullo stile del Lorenzini* (1953), ora nel vol. *Il legame musaico,* Edizioni di Storia e Letteratura, Roma 1984, pp. 380-381.

di modi caratteristici, nella conversazione familiare, di quell'italiano regionale, toscano, veicolato nella parlata nazionale. Il quale si espone specialmente quando accoglie nel proprio registro, e li rende cifra stilistica, gli adagi popolari.

Chi ha avuto occasione di citare versi di Dante, a proposito di taluni paragoni, qual è quello di Geppetto, che appunto «gli occhi come fanno i sarti quando infilano l'ago», o della Lumaca, che «cominciò a correre come una lucertola nei grandi solleoni d'agosto» (che è peraltro, nel clima surreale della vicenda, l'enunciazione di un evento impossibile), si accorge ormai che si tratta di termini ìnsiti nella stessa cultura toscana, tanto permeata da Dante, al livello di quella proverbiosità di dettato, assunta apertamente durante il racconto: «I quattrini rubati non hanno mai frutto. Addio, mascherine [...]; ricordatevi del proverbio che dice: la farina del diavolo va in crusca [...]. Addio, mascherine, ricordatevi del proverbio che dice: chi ruba il mantello al suo prossimo, per solito muove senza camicia» (cap. XXXVI). Entro tale drammatizzazione popolareggiante, il medesimo frasario di Pinocchio assurge a proverbialità; anzi, il Volpicelli poteva designare «quel lungo proverbio per ragazzi che è *Pinocchio*»[3] (indulgendo però, con questo, all'apologo e alla morale).

Da parte nostra, con il compito (certo inflazionato, e pertanto da assolvere con prontezza) di introdurre alla lettura del libro di Pinocchio, ribadiamo la funzionalità della prosa collodiana, che vibra di concretezza ed astrazione, al pari delle «avventure» che racconta. Concludiamo allora, rileggendo l'annotazione del Contini: le *Avventure di Pinocchio* sono «opera d'uno stilista espertissimo, che alla cosiddetta lingua viva, venata per maggior concretezza di toscanismi vernacolari, applica una sintassi essenziale [...] e che nella destinazione infantile trova un argine allo sviluppo fantastico, temperandone la fiabesca esuberanza con la sobrietà. Questa è letteratura senza aggettivo, non letteratura per bambini, anche se la rappresentazione

---

[3] Luigi Volpicelli, *La verità su Pinocchio*, Armando, Roma 1959, p. 104.

d'un infanzia non agiografica, e pur aliena da ogni indulgenza (frequente anche nella produzione toscana specifica) verso il sadismo degli anni verdi, giova a introdurre quel "limite della realtà" che per il De Sanctis è il massimo insegnamento del nostro Ottocento»[4].

[4] GIANFRANCO CONTINI, *Letteratura dell'Italia unita*, Sansoni, Firenze 1974, p. 241.

Nota bio-bibliografica

Carlo Lorenzini (che assume per la prima volta nel 1856, ma stabilmente dal 1860, lo pseudonimo di Collodi, in omaggio al paese di origine della madre) nasce a Firenze il 24 novembre 1826. Avviato agli studi nel Seminario di Colle Val d'Elsa, prosegue a Firenze presso la scuola dei Padri Scolopi. Commesso di libreria, nel 1847 esordisce come scrittore sulle pagine della "Rivista di Firenze". Nel 1848 si arruola nel corpo dei volontari toscani e combatte il 29 maggio a Curtatone e Montanara (parteciperà ancora alla Seconda Guerra d'Indipendenza nel 1859). Durante questi primi anni, frequenta con assiduità il Caffè Michelangiolo, a Firenze, luogo d'incontro del gruppo dei pittori Macchiaioli. Importante, nell'àmbito della militanza giornalistica, la fondazione del quotidiano satirico "Il Lampione" (13 luglio 1848 - 11 aprile 1849) e la direzione (dal 1853) del periodico "Scaramuccia". Collabora quindi, in maniera eclettica, tra il 1860 e il 1880, a numerose testate (con articoli ora in parte riuniti nel volume *Cronache dall'Ottocento*, a c. di Daniela Marchesini, ETS, Pisa 1990); un'attività da cui, dopo la pubblicazione dell'anomalo *Un romanzo in vapore. Da Firenze a Livorno* (Mariani, Firenze 1856) e dei *Misteri di Firenze. Scene sociali* (Fioretti, Firenze 1857), germinerà la serie di *Macchiette* (Brigola, Milano 1880), *Occhi e nasi e Storie allegre* (Paggi, Firenze 1881). Nel 1868 è invitato a collaborare alla redazione del *Nòvo vocabolario della lingua italiana secondo l'uso di Firenze* (4 voll., 1870-1897), promosso dal minsitro Emilio Broglio. Nel 1873, sul "Fanfulla" di Roma (dal 4 marzo al 5 aprile), appare *I ragazzi grandi. Bozzetti e studi dal vero* (accolto in volume soltanto di recente, a c. di D. Marchesini, Sellerio, Palermo 1989), di cui ricalcherà i dialoghi la commedia omonima, messa in scena nell'agosto dello stesso anno a Firenze, che è l'ultima di sei opere scritte da Collodi per il teatro, e non tutte rappresentate (si rinvia, in merito, all'ediz. de *Gli amici di casa*, a c. di D. Marcheschi, Pacini Fazzi, Lucca 1990). Significativa la traduzione dal Perrault, nel volume *I racconti delle fate* (Paggi, Firenze 1875). Il personaggio di Giannettino (nel volume omonimo, Paggi, Firenze 1877), creato sul modello del Giannetto di Luigi Alessandro Parravicini (*Giannetto. Letture pe' fanciulli e pel popolo,* Pietro Ostinelli, Como 1837) animerà, dopo la parentesi di *Minuzzolo* (Paggi, Firenze 1878), un buon numero di fortunati libri di sussidio didattico per le scuole elementari (apparì tra il 1879 e il 1890). Nel 1878 Collodi, quasi al termine della propria carriera (iniziata nel 1848) nella pubblica amministrazione, è nominato Cavaliere della Corona d'Italia. Nel 1883 pubblica in volume (Paggi, Firenze), *Le Avventure di Pinocchio,* con illustrazioni di Enrico Mazzanti. Collodi muore a Firenze, in séguito ad un'improvvisa crisi cardiaca, il 26 ottobre 1890. Postume, a cura di Giuseppe Rigutini: *Note gaie* e *Divagazioni critico-umoristiche* (entrambe da Bemporad, Firenze 1892).

Edizioni di *Pinocchio* – In ordine alle fondamentali edizioni italiane moderne delle *Avventure di Pinocchio,* si rende qui onore a quelle, criticamente curate, di Amerindo Camilli, con presentazione di Luigi Volpicelli (Sansoni, Firenze 1946) e di Ornella Castellani Pollidori (con il patrocinio dell'Accademia della Crusca, Fondazione «Collodi», Pescia 1983). Si consulterà ora con profitto l'ediz., dotata di commento, note, repertori didattici, a c. di Patrizia Napoleone e Giovanni Porta, Casa Editrice D'Anna, Messina-Firenze 1994.

Saggi e monografie fondamentali su *Pinocchio*[*] – Paul Hazard, *La litterature enfantine en Italie* (1912), nel vol. *Les livre, les enfants et les hommes,* Flammarion, Parigi 1932; ediz. it. *Uomini, ragazzi e libri,* a c. di Luigi Volpicelli, Armando, Roma 1959. Pietro Pancrazi, *Elogio di Pinocchio* (1921), nel vol. I degli *Scrittori d'oggi,* Laterza, Bari 1946, pp. 229-235. Umberto Biscottini, *Pinocchio uomo qualunque,* Vallecchi, Firenze 1941. Piero Bargellini, *La verità di Pinocchio,* Morcelliana, Brescia 1942 (poi nel vol. *Tre Toscani,* Vallecchi, Firenze 1052). Fredi Chiappelli, *Sullo stile di Lorenzini* (1953), ora nel vol. *Il legame musaico,* Edizioni di Storia e Letteratura, Roma 1984. Paolo Lorenzini (Collodi nipote), *Collodi e Pinocchio,* Salani, Firenze 1954. Vito Fazio Allmayer, *Divagazioni e capricci su Pinocchio,* Sansoni, Firenze 1958. Luigi Volpicelli, *La verità su Pinocchio,* II ediz. accresciuta, Armando, Roma 1959. Renato Bertacchini, *Collodi narratore,* Nistri-Lischi, Pisa 1961. Luigi Compagnone, *Commento alla vita di Pinocchio,* Marotta, Napoli 1966. Vittorio

[*] Per un'informazione analitica, si rinvia alla Bibliografia collodiana (1883-1980), a c. di Luigi Volpicelli, Fondazione «Collodi», Pescia 1980.

Spinazzola, *Pinocchio e le risorse della fantasia*, in "Acme" (Annali della Facoltà di Lettere e Filosofia dell'Università degli Studi Milano), XXII (1969), 2, pp. 125-153. Gérard Genot, *Analyse structurelle de Pinocchio*, Quaderni della Fondazione «Collodi», Pescia 1970. Antonio Faeti, *Guardare le figure*, Einaudi, Torino 1972. Nicola Rilli, *Pinocchio in casa sua*, Arti Grafiche Giorgio & Gambi, Firenze 1973. Emilio Garroni, *Pinocchio uno e bino*, Laterza, Bari 1975. G. Biffi, *Contro Maestro Ciliegia. Commento teologico alle «Avventure di Pinocchio»*, Jaka Book, Milano 1977. Luigi Malerba, *Pinocchio con gli stivali*, Cooperativa Scrittori, Roma 1977. Giorgio Manganelli, *Pinocchio: un libro parallelo*, Einaudi, Torino 1977. Luigi Volpicelli, *Identikit di Pinocchio*, Gentile, Roma 1978. [Aa.Vv.] *Prima di Pinocchio: libri tra due secoli. Libri per bambini e ragazzi nel mondo tra il 1781 e il 1881* [catalogo della mostra (Firenze 30 aprile-30 maggio 1982)], a c. di Dala Giorgetti e Carlo Bonardi, Le Monnier, Firenze 1982. Maria Teresa Gentile, *L'albero di Pinocchio. I precedenti culturali delle «Avventure»*, Nuova Universale Studium, Roma 1982. Rodolfo Baggioni, *Pinocchio: cent'anni d'«Avventure» illustrate. Bibliografia delle edizioni illustrate italiane di Collodi «Le Avventure di Pinocchio» (1883-1983)*, Giunti Marzocco, Firenze 1984. Ornella Castellani Pollidori, *Sotto il segno di Pinocchio*, in "Lettere Italiane", XXXVI (1984), 4, pp. 498-544. Nicola Coco-Alfredo Zambrano, *Pinocchio e i simboli della «Grande Opera». Linee di un approccio antropologico-culturale alla religiosità e all'esoterismo delle «Avventure»*, Atanòr, Roma 1984. [Aa.Vv.] *Interni e dintorni del Pinocchio. Atti del Convegno «Folkloristi italiani del tempo di Collodi»* (Pescia, 20-22 settembre 1982), a c. di Pietro Clemente e Mariano Fresta, Fondazione «Collodi», Pescia-Editori del Grifo, Montepulciano 1986. [Aa.Vv.] *Collodi: lo spazio delle meraviglie*, a c. di Roberto Fedi, Edizione della Banca Toscana, Firenze 1990. Vittorio Frosini, *La filosofia di Pinocchio*, Lavoro Edizioni, Roma 1990. Piero Zanotto, *Pinocchio nel mondo*, Edizioni Paoline, Roma 1990. Rodolfo Tommaso, *Pinocchio. Analisi di un burattino*, Sansoni, Firenze 1992. Segnaliamo dunque: Bruno Traversetti, *Introduzione a Collodi*, Laterza, Roma-Bari 1993. Renato Bertacchini, *Il padre di Pinocchio. Vita e opere di Collodi*, Camunia, Milano 1993.

Le Avventure di Pinocchio

I.

Come andò che Maestro Ciliegia, falegname, trovò un pezzo di legno, che piangeva e rideva come un bambino[*].

C'era una volta...
– Un re! – diranno subito i miei piccoli lettori.
– No, ragazzi, avete sbagliato. C'era una volta un pezzo di legno. Non era un legno di lusso, ma un semplice pezzo da catasta, di quelli che d'inverno si mettono nelle stufe e nei caminetti per accendere il fuoco e per riscaldare le stanze.

Non so come andasse, ma il fatto gli è [1] che un bel giorno questo pezzo di legno capitò nella bottega di un vecchio falegname, il quale aveva nome mastr'Antonio [2], se non che tutti lo chiamavano maestro Ciliegia, per via della punta del suo naso, che era sempre lustra e paonazza, come una ciliegia matura.

Appena maestro Ciliegia ebbe visto quel pezzo di legno, si rallegrò tutto; e dandosi una fregatina di mani per la contentezza, borbottò a mezza voce:

– Questo legno è capitato a tempo: voglio servirmene per fare una gamba di tavolino.

Detto fatto, prese subito l'ascia arrotata per cominciare a levargli la scorza [3] e a digrossarlo, ma quando fu lì per lasciare

---

[*] L'intitolazione, a mo' di didascalia, dei singoli capitali, risale all'edizione in volume.

[1] *gli è* (*gli* = *egli* il fatto): tipico fiorentinismo.

[2] L'appellativo di *mastro*, ovvero *maestro*, è attribuito agli artigiani, in quanto maestri d'arte (nel caso specifico, si tratta dei falegnami).

[3] *scorza:* corteccia.

andare la prima asciata, rimase col braccio sospeso in aria, perché, sentì una vocina sottile sottile [4], che disse raccomandandosi:

– Non mi picchiar tanto forte!

Figuratevi come rimase quel buon vecchio di maestro Ciliegia!

Girò gli occhi smarriti intorno alla stanza per vedere di [5] dove mai poteva essere uscita quella vocina, e non vide nessuno! Guardò sotto il banco, e nessuno; guardò dentro un armadio che stava sempre chiuso, e nessuno; guardò nel corbello dei trùcioli e della segatura, e nessuno; aprì l'uscio di bottega per dare un'occhiata anche sulla strada, e nessuno. O dunque?...

– Ho capito; – disse allora ridendo e grattandosi la parrucca [6] – si vede che quella vocina me la sono figurata [7] io. Rimettiamoci a lavorare.

E ripresa l'ascia in mano, tirò giù un solennissimo colpo sul pezzo di legno.

– Ohi! Tu m'hai fatto male! – gridò rammaricandosi la solita vocina.

Questa volta maestro Ciliegia restò di stucco [8], cogli occhi fuori del capo per la paura, colla bocca spalancata e colla lingua giù ciondoloni fino al mento, come un mascherone da fontana.

Appena riebbe l'uso della parola, cominciò a dire tremando e balbettando dallo spavento:

– Ma di dove sarà uscita questa vocina che ha detto *ohi*?... Eppure qui non c'è anima viva. Che sia per caso questo pezzo di legno che abbia imparato a piangere e a lamentarsi come un bambino? Io non lo posso credere. Questo legno eccolo qui; è un pezzo di legno da caminetto, come tutti gli altri, e a buttarlo

---

[4] *sottile sottile*: il superlativo è ottenuto anche mediante la duplicazione dell'aggettivo al grado positivo.

[5] *di = da.*

[6] *parrucca*: si tratta proprio di una parrucca, cioè di una capigliatura posticcia.

[7] *figurata:* immaginata.

[8] *di stucco:* sbalordito, senza parole per la meraviglia.

sul fuoco, c'è da far bollire una pentola di fagioli... O dunque?
Che ci sia nascosto dentro qualcuno? Se c'è nascosto qualcuno,
tanto peggio per lui. Ora l'accomodo io!

E così dicendo, agguantò con tutte e due le mani quel povero
pezzo di legno, e si pose a sbatacchiarlo senza carità contro le
pareti della stanza.

Poi si mésse [9] in ascolto, per sentire se c'era qualche vocina
che si lamentasse. Aspettò due minuti, e nulla; cinque minuti,
e nulla; dieci minuti, e nulla!

– Ho capito – disse allora sforzandosi di ridere e arruffandosi
la parrucca – si vede che quella vocina che ha detto *ohi*, me la
sono figurata io! Rimettiamoci a lavorare.

E perché, gli era entrata addosso una gran paura, si provò
a canterellare per farsi un po' di coraggio.

Intanto, posata da una parte l'ascia, prese in mano la pial-
la, per piallare e tirare a pulimento [10] il pezzo di legno; ma nel
mentre che lo piallava in su e in giù, sentì la solita vocina che
gli disse ridendo:

– Smetti! Tu mi fai il pizzicorino [11] sul corpo!

Questa volta il povero maestro Ciliegia cadde giù come ful-
minato. Quando riaprì gli occhi, si trovò seduto per terra.

Il suo viso pareva trasfigurito [12], e perfino la punta del naso,
di paonazza come era quasi sempre, gli era diventata turchina
dalla gran paura.

---

[9] *mésse:* mise.

[10] *a pulimento:* a lucido.

[11] *pizzicorino:* solletico.

[12] *trasfigurito:* le uscite in -*ire* sono spesso intercambiabili in toscano con
quelle normali in -*are* (così, nel cap. II, *azzoppito*).

II.

Maestro Ciliegia regala il pezzo di legno al suo amico Geppetto, il quale lo prende per fabbricarsi un burattino maraviglioso, che sappia ballare, tirar di scherma e far i salti mortali.

In quel punto fu bussato [1] alla porta.

– Passate pure – disse il falegname, senza aver la forza di rizzarsi in piedi.

Allora entrò in bottega un vecchietto tutto arzillo, il quale aveva nome Geppetto; ma i ragazzi del vicinato, quando lo volevano far montare su tutte le furie [2], lo chiamavano col soprannome di Polendina, a motivo della sua parrucca gialla che somigliava moltissimo alla polendina di granturco.

Geppetto era bizzosissimo [3]. Guai a chiamarlo Polendina! Diventava subito una bestia, e non c'era più verso di tenerlo.

– Buon giorno, mastr'Antonio – disse Geppetto. – Che cosa fate costì[4] per terra?

– Insegno l'abbaco alle formicole [5].

– Buon pro vi faccia.

– Chi vi ha portato da me, compar Geppetto?

---

[1] *fu bussato*: il costrutto di tipo passivo (con ausiliare *essere*) è ormai desueto, e presuppone (sottinteso) un complemento di agente.

[2] *montare su tutte le furie*: arrabbiarsi, in modo anche violento («Diventava subito una bestia, e non c'era più verso di tenerlo», precisa, dopo).

[3] *bizzosissimo:* molto irritabile.

[4] *costì* (fiorentinismo tipico): proprio qui.

[5] La risposta, tutta retorica e ironica, ricalca un detto popolare, «Insegnare l'abbaco», significa: insegnare a fare i conti; *formicole* è diminutivo toscano.

– Le gambe. Sappiate, mastr'Antonio, che son venuto da voi, per chiedervi un favore.

– Eccomi qui, pronto a servirvi, replicò il falegname, rizzandosi su i ginocchi.

– Stamani m'è piovuta [6] nel cervello un'idea.

– Sentiamola.

– Ho pensato di fabbricarmi da me un bel burattino di legno; ma un burattino maraviglioso, che sappia ballare, tirare di scherma e fare i salti mortali. Con questo burattino voglio girare il mondo, per buscarmi [7] un tozzo di pane e un bicchier di vino: che ve ne pare?

– Bravo Polendina! – gridò la solita vocina, che non si capiva di dove uscisse.

A sentirsi chiamar Polendina, compar [8] Geppetto diventò rosso come un peperone dalla bizza, e voltandosi verso il falegname, gli disse imbestialito:

– Perché mi offendete?

– Chi vi offende?

– Mi avete detto Polendina!...

– Non sono stato io.

– Sta un po' a vedere che sarò stato io! Io dico che siete stato voi.

– No!

– Sì!

– No.

– Sì.

E riscaldandosi sempre più, vennero dalle parole ai fatti, e acciuffatisi fra di loro, si graffiarono, si morsero e si sbertucciarono [9].

Finito il combattimento, mastr'Antonio si trovò fra le mani la parrucca gialla di Geppetto, e Geppetto si accorse di avere in bocca la parrucca brizzolata del falegname.

– Rendimi la mia parrucca! – gridò mastr'Antonio.

[6] *m'è piovuta*: diremmo altrimenti, «mi è venuta».
[7] *buscarmi*: guadagnarmi.
[8] *compar(e)*: titolo di decoro.
[9] *si sbertucciarono*: si malmenarono, insultandosi (da *bertùccia*, dim. di *bèrta*: canzonatura; con *s*-intensiva).

19

– E tu rendimi la mia, e rifacciamo la pace.

– I due vecchietti, dopo aver ripreso ognuno di loro la propria parrucca, si strinsero la mano e giurarono di rimanere buoni amici per tutta la vita.

– Dunque, compar Geppetto, – disse il falegname in segno di pace fatta – qual è il piacere che volete da me?

– Vorrei un po' di legno per fabbricare il mio burattino; me lo date?

Mastr'Antonio, tutto contento, andò subito a prendere sul banco quel pezzo di legno che era stato cagione a lui di tante paure. Ma quando fu lì per consegnarlo all'amico, il pezzo di legno dette uno scossone e sgusciandogli violentemente dalle mani, andò a battere con forza negli stinchi impresciuttiti [10] del povero Geppetto.

–Ah! gli è con questo bel garbo, mastr'Antonio, che voi regalate la vostra roba? M'avete quasi azzoppito!...

– Vi giuro che non sono stato io!

– Allora sarò stato io!...

– La colpa è tutta di questo legno...

– Lo so che è del legno: ma siete voi che me l'avete tirato nelle gambe!

– Io non ve l'ho tirato!

– Bugiardo!

– Geppetto, non mi offendete; se no vi chiamo Polendina.

– Asino!

– Polendina!

– Somaro!

– Polendina!

– Brutto scimmiotto!

– Polendina!

A sentirsi chiamar Polendina per la terza volta, Geppetto perse il lume degli occhi [11], e si avventò sul falegname; e lì se ne dettero un sacco e una sporta [12].

---

[10] *impresciuttiti:* magri e asciutti, come un osso di prosciutto.

[11] *perse il lume degli occhi:* l'espressione metaforica (con la variante: «perdere il lume della ragione»), equivalente di quella «non vederci più», significa «aver perso la pazienza».

[12] *se ne... sporta:* si menarono con violenza.

A battaglia finita, mastr'Antonio si trovò due graffi di più sul naso, e quell'altro due bottoni di meno al giubbetto. Pareggiati in questo modo i loro conti, si strinsero la mano e giurarono di rimanere buoni amici per tutta la vita.

Intanto Geppetto prese con sé, il suo bravo [13] pezzo di legno, e ringraziato mastr'Antonio, se ne tornò zoppicando a casa.

[13] *bravo:* ha valore rafforzativo, secondo un uso toscano tipico del linguaggio familiare.

III.

Geppetto, tornato a casa, comincia subito a fabbricarsi
il burattino e gli mette il nome di Pinocchio.
Prime monellerie del burattino.

La casa di Geppetto era una stanzina terrena [1], che pigliava luce da un sottoscala. La mobilia non poteva essere più semplice: una seggiola cattiva, un letto poco buono e un tavolino tutto rovinato. Nella parete di fondo si vedeva un caminetto col fuoco acceso; ma il fuoco era dipinto, e accanto al fuoco c'era dipinta una pentola che bolliva allegramente e mandava fuori una nuvola di fumo, che pareva fumo davvero.

Appena entrato in casa, Geppetto prese subito gli arnesi e si pose a intagliare e a fabbricare il suo burattino.

– Che nome gli metterò? – disse fra sé e sé. – Lo voglio chiamar Pinocchio. Questo nome gli porterà fortuna. Ho conosciuto una famiglia intera di Pinocchi: Pinocchio il padre, Pinocchia la madre e Pinocchi i ragazzi, e tutti se la passavano bene. Il più ricco di loro chiedeva l'elemosina.

Quando ebbe trovato il nome al suo burattino, allora cominciò a lavorare a buono [2], e gli fece subito i capelli, poi la fronte, poi gli occhi.

Fatti gli occhi, figuratevi la sua maraviglia quando si accorse che gli occhi si muovevano e che lo guardavano fisso fisso.

Geppetto, vedendosi guardare da quei due occhi di legno, se n'ebbe quasi per male, e disse con accento risentito:

---

[1] *terrena* (agg. per avv.): a pian terreno.
[2] *a buono:* ad arte.

– Occhiacci di legno, perché mi guardate?

Nessuno rispose.

Allora, dopo gli occhi, gli fece il naso; ma il naso, appena fatto, cominciò a crescere: e cresci, cresci, cresci diventò in pochi minuti un nasone che non finiva mai.

Il povero Geppetto si affaticava a ritagliarlo; ma più lo ritagliava e lo scorciva [3], e più quel naso impertinente diventava lungo!

Dopo il naso, gli fece la bocca.

La bocca non era ancora finita di fare, che cominciò subito a ridere e a canzonarlo.

– Smetti di ridere! – disse Geppetto impermalito; ma fu come dire al muro.

– Smetti di ridere, ti ripeto! – urlò con voce minacciosa.

Allora la bocca smesse [4] di ridere, ma cacciò fuori tutta la lingua.

Geppetto, per non guastare i fatti suoi, finse di non avvedersene, e continuò a lavorare. Dopo la bocca, gli fece il mento, poi il collo, poi le spalle, lo stomaco, le braccia e le mani.

Appena finite le mani, Geppetto sentì portarsi via la parrucca dal capo. Si voltò in su, e che cosa vide? Vide la sua parrucca gialla in mano del burattino.

– Pinocchio!... rendimi subito la mia parrucca!

E Pinocchio, invece di rendergli la parrucca, se la messe in capo per sé, rimanendovi sotto mezzo affogato [5].

A quel garbo insolente e derisorio, Geppetto si fece tristo e melanconico, come non era stato mai in vita sua: e voltandosi verso Pinocchio, gli disse:

– Birba [6] d'un figliuolo! Non sei ancora finito di fare, e già cominci a mancar di rispetto a tuo padre! Male, ragazzo mio, male!

E si rasciugò una lacrima.

---

[3] *scorciva:* accorciava.
[4] *smesse:* smise.
[5] *mezzo affogato:* quasi soffocato.
[6] *Birba:* appellativo scherzoso (sinonimo: *dìscolo*).

Restavano sempre da fare le gambe e i piedi.

Quando Geppetto ebbe finito di fargli i piedi, sentì arrivarsi un calcio sulla punta del naso.

– Me lo merito! – disse allora fra sé. Dovevo pensarci prima! Oramai è tardi!

Poi prese il burattino sotto le braccia e lo posò in terra, sul pavimento della stanza, per farlo camminare.

Pinocchio aveva le gambe aggranchite [7] e non sapeva muoversi, e Geppetto lo conduceva per la mano per insegnargli a mettere un passo dietro l'altro.

Quando le gambe gli si furono sgranchite, Pinocchio cominciò a camminare da sé, e a correre per la stanza; finché, infilata la porta di casa, saltò nella strada e si dette [8] a scappare.

E il povero Geppetto a corrergli dietro senza poterlo raggiungere, perché quel birichino di Pinocchio andava a salti come una lepre, e battendo i suoi piedi di legno sul lastrico della strada, faceva un fracasso, come venti paia di zoccoli da contadini.

– Piglialo! Piglialo! – urlava Geppetto: ma la gente che era per la via, vedendo questo burattino di legno che correva come un barbero [9], si fermava incantata a guardarlo, e rideva, rideva e rideva, da non poterselo figurare.

Alla fine, e per buona fortuna, capitò un carabiniere, il quale, sentendo tutto quello schiamazzo, e credendo si trattasse di un puledro che avesse levata la mano al padrone, si piantò coraggiosamente a gambe larghe in mezzo alla strada, coll'animo risoluto di fermarlo e d'impedire il caso di maggiori disgrazie.

Ma Pinocchio, quando si avvide da lontano del carabiniere, che barricava tutta la strada, s'ingegnò di passargli, per sorpresa, framezzo alle gambe, e invece fece fiasco [10].

---

[7] *aggranchite* (contrario: *sgranchite*): non àgili nei movimenti.

[8] *dette*: diede.

[9] *barbero*: cavallo da corsa.

[10] *«fare fiasco»* è locuz. dell'uso, con il significato di «non riuscire (in un'impresa)».

Il carabiniere, senza punto [11] smoversi, lo acciuffò pulitamente [12] per il naso (era un nasone spropositato, che pareva fatto apposta per essere acchiappato dai carabinieri), e lo riconsegnò nelle proprie mani di Geppetto; il quale, a titolo di correzione, voleva dargli subito una buona tiratina d'orecchi. Ma figuratevi come rimase quando, nel cercargli gli orecchi, non gli riuscì di poterli trovare: e sapete perché? perché, nella furia di scolpirlo, si era dimenticato di farglieli.

Allora lo prese per la collottola [13], e, mentre lo riconduceva indietro, gli disse tentennando minacciosamente il capo: – Andiamo subito a casa. Quando saremo a casa, non dubitare che faremo i nostri conti!

Pinocchio, a questa antifona [14], si buttò per terra, e non volle più camminare. Intanto i curiosi e i bighelloni [15] principiavano a fermarsi lì dintorno e a far capannello [16].

Chi ne diceva una, chi un'altra.

– Povero burattino! – dicevano alcuni – Ha ragione a non voler tornare a casa! Chi lo sa come lo picchierebbe quell'omaccio di Geppetto!...

E gli altri soggiungevano malignamente:

– Quel Geppetto pare un galantuomo! Ma è un vero tiranno coi ragazzi! Se gli lasciano quel povero burattino fra le mani, è capacissimo di farlo a pezzi!...

Insomma, tanto dissero e tanto fecero, che il carabiniere rimesse in libertà Pinocchio, e condusse in prigione quel pover'uomo di Geppetto. Il quale, non avendo parole lì per lì per difendersi, piangeva come un vitellino, e nell'avviarsi verso il carcere, balbettava singhiozzando:

– Sciagurato figliuolo! E pensare che ho penato tanto a farlo

---

[11] *punto* (pretto toscanismo): affatto, per nulla.

[12] *pulitamente*: tranquillamente.

[13] *collottola*: la parte posteriore del collo.

[14] *antifona*: risposta.

[15] *bighelloni*: chi trascorre oziosamente la giornata, andando in giro per le strade.

[16] *far capannello*: radunarsi.

un burattino per bene[17]! Ma mi sta a dovere[18]! Dovevo pensarci prima!...

Quello che accadde dopo, è una storia da non potersi credere, e ve la racconterò in quest'altri capitoli.

---

[17] *un burattino per bene*: l'aspirazione di Geppetto sarà ottimizzata al culmine delle Avventure, quando per suprema metamorfosi Pinocchio sarà «diventato un ragazzino per bene».

[18] *mi sta a dovere*: me lo merito.

IV.

La storia di Pinocchio col Grillo-parlante,
dove si vede come i ragazzi cattivi hanno a noia
di sentirsi correggere da chi ne sa più di loro.

Vi dirò dunque, ragazzi, che mentre il povero Geppetto era condotto senza sua colpa in prigione, quel monello di Pinocchio, rimasto libero dalle grinfie del carabiniere, se la dava a gambe [1] giù attraverso ai campi, per far più presto a tornarsene a casa; e nella gran furia del correre saltava greppi altissimi, siepi di pruni e fossi pieni d'acqua, tale e quale come avrebbe potuto fare un capretto o un leprottino inseguito dai cacciatori.

Giunto dinanzi a casa, trovò l'uscio di strada socchiuso. Lo spinse, entrò dentro, e appena ebbe messo tanto di paletto, si gettò a sedere per terra, lasciando andare un gran sospirone di contentezza.

Ma quella contentezza durò poco, perché, sentì nella stanza qualcuno che fece:

– *Crì-crì-crì!*

– Chi è che mi chiama? – disse Pinocchio tutto impaurito.

– Sono io!

Pinocchio si voltò e vide un grosso grillo che saliva lentamente su su per il muro.

– Dimmi, Grillo, e tu chi sei?

– Io sono il Grillo-parlante, e abito in questa stanza da più di cent'anni.

---

[1] *se la dava a gambe:* altra espressione colloquiale, «darsela a gambe» vuol dire «correre con tutta la velocità che le proprie gambe consentono».

27

– Oggi però questa stanza è mia, – disse il burattino, – e se vuoi farmi un vero piacere, vattene subito, senza nemmeno voltarti indietro.

– Io non me ne anderò [2] di qui, – rispose il Grillo, – se prima non ti avrò detto una gran verità.

– Dimmela e spicciati.

– Guai a quei ragazzi che si ribellano ai loro genitori e che abbandonano – capricciosamente – la casa paterna. Non avranno mai bene in questo mondo; e prima o poi dovranno pentirsene amaramente.

– Canta pure, Grillo mio, come ti pare e piace: ma io so che domani, all'alba, voglio andarmene di qui, perché, se rimango qui, avverrà a me quel che avviene a tutti gli altri ragazzi, vale a dire mi manderanno a scuola, e per amore o per forza mi toccherà a studiare; e io, a dirtela in confidenza, di studiare non ne ho punto voglia e mi diverto più a correre dietro alle farfalle e a salire su per gli alberi a prendere gli uccellini di nido.

–Povero grullerello! [3] Ma non sai che, facendo così, diventerai da grande un bellissimo [4] somaro e che tutti si piglieranno gioco di te?

– Chétati [5], Grillaccio del mal'augurio! gridò Pinocchio.

Ma il grillo, che era paziente e filosofo, invece di aversi a male di questa impertinenza, continuò con lo stesso tono di voce:

– E se non ti garba [6] di andare a scuola, perché non impari almeno un mestiere, tanto da guadagnarti onestamente un pezzo di pane?

– Vuoi che te lo dica? – replicò Pinocchio, che cominciava a perdere la pazienza. – Fra i mestieri del mondo non ce n'è che uno solo, che veramente mi vada a genio.

[2] anderò: forma piena, invece della contratta e usuale andrò.
[3] grullerello: diminutivo, con valore ironico, di grullo «ingenuo, credulone».
[4] bellissimo (antifrastico): vuol dire tutto il contrario.
[5] Chétati: sta' zitto.
[6] garba: piace.

– E questo mestiere sarebbe?

– Quello di mangiare, bere, dormire, divertirmi e fare dalla mattina alla sera la vita del vagabondo.

– Per tua regola, – disse il Grillo-parlante con la sua solita calma – tutti quelli che fanno codesto mestiere finiscono quasi sempre allo spedale [7] o in prigione.

– Bada, Grillaccio del mal'augurio!... se mi monta la bizza, guai a te!

– Povero Pinocchio! Mi fai proprio compassione!...

– Perché ti faccio compassione?

– Perché sei un burattino e, quel che è peggio, perché hai la testa di legno.

A queste ultime parole, Pinocchio saltò su tutt'infuriato e preso di sul banco un martello di legno lo scagliò contro il Grillo-parlante.

Forse non credeva nemmeno di colpirlo: ma disgraziatamente lo colse per l'appunto nel capo, tanto che il povero Grillo ebbe appena il fiato di fare *cri-cri-cri*, e poi rimase lì stecchito e appiccicato alla parete.

[7] *spedale*: ospedale.

V.

Pinocchio ha fame e cerca un uovo per farsi una frittata; ma sul più bello, la frittata gli vola via dalla finestra.

Intanto incominciò a farsi notte, e Pinocchio, ricordandosi che non aveva mangiato nulla, sentì un'uggiolina [1] allo stomaco, che somigliava moltissimo all'appetito.

Ma l'appetito nei ragazzi cammina presto; e di fatti dopo pochi minuti l'appetito diventò fame, e la fame, dal vedere al non vedere, si convertì in una fame da lupi, una fame da tagliarsi col coltello.

Il povero Pinocchio corse subito al focolare, dove c'era una pentola che bolliva e fece l'atto di scoperchiarla, per vedere che cosa ci fosse dentro, ma la pentola era dipinta sul muro. Immaginatevi come restò. Il suo naso, che era già lungo, gli diventò più lungo almeno quattro dita.

Allora si dette a correre per la stanza e a frugare per tutte le cassette e per tutti i ripostigli in cerca di un po' di pane, magari un po' di pan secco, un crosterello, un osso avanzato al cane, un po' di polenta muffita, una lisca di pesce, un nocciolo di ciliegia, insomma qualche cosa da masticare: ma non trovò nulla, il gran nulla, proprio nulla.

E intanto la fame cresceva, e cresceva sempre: e il povero Pinocchio non aveva altro sollievo che quello di sbadigliare, e faceva degli sbadigli così lunghi, che qualche volta la bocca gli arrivava fino agli orecchi. E dopo avere sbadigliato, sputava, e sentiva che lo stomaco gli andava via.

[1] *uggiolina*: mormorio.

Allora, piangendo e disperandosi, diceva:

– Il Grillo-parlante aveva ragione. Ho fatto male a rivoltarmi [2] al mio babbo e a fuggire di casa... Se il mio babbo fosse qui, ora non mi troverei a morire di sbadigli! Oh! Che brutta malattia che è la fame!

Quand'ecco che gli parve di vedere nel monte della spazzatura qualche cosa di tondo e di bianco, che somigliava tutto a un uovo di gallina. Spiccare un salto e gettarvisi sopra, fu un punto solo. Era un uovo davvero.

La gioia del burattino è impossibile descriverla: bisogna sapersela figurare. Credendo quasi che fosse un sogno, si rigirava quest'uovo fra le mani, e lo toccava e lo baciava, e baciandolo diceva:

– E ora come dovrò cuocerlo? Ne farò una frittata?... No, è meglio cuocerlo nel piatto!... O non sarebbe più saporito se lo friggessi in padella? O se invece lo cuocessi a uso [3] uovo da bere? No, la più lesta di tutte è di cuocerlo nel piatto o nel tegamino: ho troppa voglia di mangiarmelo!

Detto fatto, pose un tegamino sopra un caldano pieno di brace accesa: messe nel tegamino, invece d'olio o di burro, un po' d'acqua: e quando l'acqua principiò a fumare, tac!... spezzò il guscio dell'uovo, e fece l'atto di scodellarvelo dentro.

Ma invece della chiara e del torlo scappò fuori un pulcino tutto allegro e complimentoso, il quale, facendo una bella riverenza, disse:

– Mille grazie, signor Pinocchio, d'avermi risparmiata la fatica di rompere il guscio! Arrivedella [4], stia bene e tanti saluti a casa!

Ciò detto distese le ali e, infilata la finestra che era aperta, se ne volò via a perdita d'occhio.

Il povero burattino rimase lì, come incantato, cogli occhi fissi, colla bocca aperta e coi gusci dell'uovo in mano. Riavutosi, peraltro, dal primo sbigottimento, cominciò a piangere, a strillare, a battere i piedi in terra, per la disperazione, e piangendo diceva:

[2] *rivoltarmi*: ribellarmi.
[3] *a uso*: alla maniera di.
[4] *Arrivedella*: arriverderla (con assimilazione del nesso -rl-).

– Eppure il Grillo-parlante aveva ragione! Se non fossi scappato di casa e se il mio babbo fosse qui, ora non mi troverei a morire di fame! Oh! Che brutta malattia che è la fame!...

E perché il corpo gli seguitava a brontolare più che mai, e non sapeva come fare a chetarlo, pensò di uscir di casa e di dare una scappata al paesello vicino, nella speranza di trovare qualche persona caritatevole che gli avesse fatto l'elemosina di un po' di pane.

VI.

Pinocchio si addormenta coi piedi sul caldano,
e la mattina dopo si sveglia coi piedi tutti bruciati.

Per l'appunto era una nottataccia d'inverno. Tuonava forte forte, lampeggiava come se il cielo pigliasse fuoco, e un ventaccio freddo e strapazzone, fischiando rabbiosamente e sollevando un immenso nuvolo di polvere, faceva stridere e cigolare tutti gli alberi della campagna.

Pinocchio aveva una gran paura dei tuoni e dei lampi: se non che la fame era più forte della paura: motivo per cui accostò l'uscio di casa, e presa la carriera, in un centinaio di salti arrivò fino al paese, colla lingua fuori e col fiato grosso, come un cane da caccia.

Ma trovò tutto buio e tutto deserto. Le botteghe erano chiuse; le porte di casa chiuse; le finestre chiuse, e nella strada nemmeno un cane [1]. Pareva il paese dei morti.

Allora Pinocchio, preso dalla disperazione e dalla fame, si attaccò al campanello d'una casa, e cominciò a suonare a distesa, dicendo dentro di sé:

– Qualcuno si affaccerà.

Difatti si affacciò un vecchino, col berretto da notte in capo, il quale gridò tutto stizzito:

– Che cosa volete a quest'ora?

– Che mi fareste il piacere di darmi un po' di pane?

– Aspettami costì che torno subito, – rispose il vecchino, credendo di aver da fare con qualcuno di quei ragazzacci

---

[1] *nemmeno un cane*: proprio nessuno.

rompicolli ² che si divertono di notte a suonare i campanelli delle case, per molestare la gente per bene, che se la dorme tranquillamente.

Dopo mezzo minuto la finestra si riaprì, e la voce del solito vecchino gridò a Pinocchio:

– Fatti sotto e para ³ il cappello.

Pinocchio si levò subito il suo cappelluccio; ma mentre faceva l'atto di pararlo, sentì pioversi addosso un'enorme catinellata d'acqua che lo annaffiò tutto dalla testa ai piedi, come se fosse un vaso di giranio ⁴ appassito.

Tornò a casa bagnato come un pulcino e rifinito dalla stanchezza e dalla fame: e perché non aveva più forza da reggersi ritto, si pose a sedere, appoggiando i piedi fradici e impillaccherati ⁵ sopra un caldano pieno di brace accesa.

E lì si addormentò; e nel dormire, i piedi che erano di legno gli presero fuoco e adagio adagio gli si carbonizzarono e diventarono cenere.

E Pinocchio seguitava a dormire e a russare, come se i suoi piedi fossero quelli d'un altro. Finalmente sul far del giorno si svegliò, perché qualcuno aveva bussato alla porta.

– Chi è? – domandò sbadigliando e stropicciandosi gli occhi.

– Sono io – rispose una voce.

Quella voce era la voce di Geppetto.

---

² *rompicolli*: (letteralmente, con valore, attivo, «che si rompono il collo»; sinonimo: *scavezzacolli*): indisciplinati e maleducati.

³ *para*: porgi (reggendolo bene con le mani). Per quanto attiene al cappello, si obietta il fatto che Pinocchio ne sarà dotato solo in séguito (quando, come si narra, nel cap. VIII, Geppetto gli fa «un berrettino di midollo di pane»): si tratta della prima di quelle sviste, che i critici non hanno mancato di rilevare (vedi Franco Antonicelli, *Note minime a Pinocchio: Le distrazioni di Collodi*, in *Omaggio a Pinocchio*, Quaderni della Fondazione «Collodi», n. 1, 1967, pp. 47-48).

⁴ *giranio*: geranio.

⁵ *fradici e impillaccherati*: imbevuti d'acqua e sporchi di fango.

VII.

Geppetto torna a casa, rifà i piedi al burattino e gli dà la colazione che il pover'uomo aveva portata per sé.

Il povero Pinocchio, che aveva sempre gli occhi fra il sonno, non s'era ancora avvisto [1] dei piedi, che gli si erano tutti bruciati: per cui appena sentì la voce di suo padre, schizzò giù dallo sgabello per correre a tirare il paletto: ma invece, dopo due o tre traballoni [2], cadde di picchio tutto lungo disteso sul pavimento.

E nel battere in terra fece lo stesso rumore, che avrebbe fatto un sacco di mestoli, cascato da un quinto piano.

– Aprimi! – intanto gridava Geppetto dalla strada.

– Babbo mio, non posso – rispondeva il burattino piangendo e ruzzolandosi per terra.

– Perché, non puoi?

– Perché mi hanno mangiato i piedi.

– E chi te li ha mangiati?

– Il gatto, – disse Pinocchio, vedendo il gatto che colle zampine davanti si divertiva a far ballare alcuni trucioli di legno.

– Aprimi, ti dico! – ripeté Geppetto – se no quando vengo in casa, il gatto te lo do io!

– Non posso star ritto, credetelo. O povero me! Povero me, che mi toccherà a camminare coi ginocchi per tutta la vita!...

Geppetto, credendo che tutti questi piagnistei fossero

---

[1] *avvisto*: accorto.

[2] *traballoni*: il verbo rispettivo è traballare «barcollare, perdendo l'equilibrio».

un'altra monelleria del burattino, pensò bene di farla finita, e arrampicatosi su per il muro, entrò in casa dalla finestra.

Da principio voleva dire e voleva fare: ma poi quando vide il suo Pinocchio sdraiato in terra e rimasto senza piedi davvero, allora sentì intenerirsi; e presolo subito in collo, si dette a baciarlo e a fargli mille carezze e mille moine, e, coi luccioloni [3] che gli cascavano giù per le gote, gli disse singhiozzando:

– Pinocchiuccio mio! Com'è che ti sei bruciato i piedi?

– Non lo so, babbo, ma credetelo che è stata una nottata d'inferno e me ne ricorderò fin che campo. Tonava, balenava e io avevo una gran fame e allora il Grillo-parlante mi disse: «Ti sta bene; sei stato cattivo, e te lo meriti» e io gli dissi: «Bada, Grillo!...» e lui mi disse: «Tu sei un burattino e hai la testa di legno» e io gli tirai un manico di martello, e lui morì, ma la colpa fu sua, perché io non volevo ammazzarlo, prova ne sia che messi un tegamino sulla brace accesa del caldano, ma il pulcino scappò fuori e disse: «Arrivedella... e tanti saluti a casa» e la fame cresceva sempre, motivo per cui quel vecchino col berretto da notte, affacciandosi alla finestra mi disse: «Fatti sotto e para il cappello» e io con quella catinellata d'acqua sul capo, perché il chiedere un po' di pane non è vergogna, non è vero?, me ne tornai subito a casa, e perché avevo sempre una gran fame, messi i piedi sul caldano per rasciugarmi, e voi siete tornato, e me li sono trovati bruciati, e intanto la fame l'ho sempre e i piedi non li ho più! ih!... ih!... ih... ih!... [4].

E il povero Pinocchio cominciò a piangere e a berciare [5] così forte, che lo sentivano da cinque chilometri lontano.

Geppetto, che di tutto quel discorso arruffato aveva capito una cosa sola, cioè che il burattino sentiva morirsi dalla gran fame, tirò fuori di tasca tre pere, e porgendogliele, disse:

– Queste tre pere erano per la mia colazione: ma io te le do volentieri. Mangiale, e buon pro ti faccia.

---

[3] *luccioloni*: lacrimoni.
[4] Concitato riassunto della viceda narrata ai capp. IV-VI.
[5] *berciare*: strillare.

– Se volete che le mangi, fatemi il piacere di sbucciarle.

– Sbucciarle? replicò Geppetto meravigliato.

– Non avrei mai creduto, ragazzo mio, che tu fossi così boc-cuccia [6] e così schizzinoso di palato. Male! In questo mondo, fin da bambini, bisogna avvezzarsi abboccati e a saper mangiare di tutto, perché non si sa mai quel che ci può capitare. I casi son tanti!...

– Voi direte bene, soggiunse Pinocchio, ma io non mangerò mai una frutta [7], che non sia sbucciata. Le bucce non le posso soffrire.

E quel buon uomo di Geppetto, cavato fuori un coltellino, e armatosi di santa pazienza, sbucciò le tre pere, e pose tutte le bucce sopra un angolo della tavola.

Quando Pinocchio in due bocconi ebbe mangiata la prima pera, fece l'atto di buttar via il torsolo: ma Geppetto gli trattenne il braccio, dicendogli:

– Non lo buttar via: tutto in questo mondo può far comodo.

– Ma io il torsolo non lo mangio davvero!... – gridò il burattino, rivoltandosi come una vipera.

– Chi lo sa! I casi son tanti!... – ripeté Geppetto, senza riscaldarsi.

Fatto sta che i tre torsoli, invece di essere gettati fuori dalla finestra, vennero posati sull'angolo della tavola in compagnia delle bucce.

Mangiate o, per dir meglio, divorate le tre pere, Pinocchio fece un lunghissimo sbadiglio e disse piagnucolando:

– Ho dell'altra fame!

– Ma io, ragazzo mio, non ho più nulla da darti.

– Proprio nulla, nulla?

– Ci avrei soltanto queste bucce e questi torsoli di pera.

– Pazienza! – disse Pinocchio, – se non c'è altro, mangerò una buccia.

E cominciò a masticare. Da principio storse un po' la bocca;

---

[6] *boccuccia*: di gusti raffinati («schizzinoso di palato»; mentre «bisogna avvezzarsi abboccati», cioè abituarsi a «mangiare di tutto»).

[7] *una frutta*: un frutto.

ma poi, una dietro l'altra, spolverò [8] in un soffio tutte le bucce: e dopo le bucce, anche i torsoli, e quand'ebbe finito di mangiare ogni cosa, si batté tutto contento le mani sul corpo, e disse gongolando [9]:

– Ora sì che sto bene!

– Vedi dunque, – osservò Geppetto, – che avevo ragione io quando ti dicevo che non bisogna avvezzarsi né troppo sofistici né troppo delicati di palato. Caro mio, non si sa mai quel che ci può capitare in questo mondo. I casi son tanti!!...

[8] *spolverò* (metaf.): mangiò con voracità.
[9] *gongolando* (onomatopeico): per la soddisfazione.

VIII.

Geppetto rifà i piedi a Pinocchio e vende la propria casacca per comprargli l'Abbecedario.

Il burattino, appena che si fu levata la fame, cominciò subito a bofonchiare [1] e a piangere, perché voleva un paio di piedi nuovi.

Ma Geppetto, per punirlo della monelleria fatta, lo lasciò piangere e disperarsi per una mezza giornata, poi gli disse:

– E perché dovrei rifarti i piedi? Forse per vederti scappar di nuovo da casa tua?

–Vi prometto, disse il burattino singhiozzando, che da oggi in poi sarò buono...

– Tutti i ragazzi, replicò Geppetto, quando vogliono ottenere qualcosa, dicono così.

–Vi prometto che andrò a scuola, studierò e mi farò onore...

– Tutti i ragazzi, quando vogliono ottenere qualcosa, ripetono la medesima storia.

– Ma io non sono come gli altri ragazzi! Io sono più buono di tutti e dico sempre la verità. Vi prometto, babbo, che imparerò un'arte e che sarò la consolazione e il bastone della vostra vecchiaia.

Geppetto che, sebbene facesse il viso di tiranno, aveva gli occhi pieni di pianto e il cuore grosso dalla passione di vedere il suo povero Pinocchio in quello stato compassionevole, non rispose altre parole: ma, presi in mano gli arnesi del mestiere

---

[3] *bofonchiare*: lamentarsi (articolando suoni indistinti).

e due pezzetti di legno stagionato, si pose a lavorare di grandissimo impegno.

E in meno d'un'ora, i piedi erano bell'e fatti; due piedini svelti, asciutti e nervosi, come se fossero modellati da un artista di genio.

Allora Geppetto disse al burattino:

– Chiudi gli occhi e dormi!

E Pinocchio chiuse gli occhi e fece finta di dormire. E nel tempo che si fingeva addormentato, Geppetto con un po' di colla sciolta in un guscio d'uovo gli appiccicò i due piedi al loro posto, e glieli appiccicò così bene, che non si vedeva nemmeno il segno dell'attaccatura.

Appena il burattino si accorse di avere i piedi, saltò giù dalla tavola dove stava disteso, e principiò a fare mille sgambetti e mille capriole, come se fosse ammattito dalla gran contentezza.

– Per ricompensarvi di quanto avete fatto per me, disse Pinocchio al suo babbo, voglio subito andare a scuola.

– Bravo ragazzo.

– Ma per andare a scuola ho bisogno d'un po' di vestito [2].

Geppetto, che era povero e non aveva in tasca nemmeno un centesimo, gli fece allora un vestituccio di carta fiorita, un paio di scarpe di scorza d'albero e un berrettino di midolla [3] di pane.

Pinocchio corse subito a specchiarsi in una catinella piena d'acqua e rimase così contento di sé che disse pavoneggiandosi:

– Paio proprio un signore!

– Davvero, – replicò Geppetto, – perché tienilo a mente, non è il vestito bello che fa il signore, ma è piuttosto il vestito pulito.

– A proposito, – soggiunse il burattino, – per andare alla scuola mi manca sempre qualcosa: anzi mi manca il più e il meglio.

---

[2] *un po' di vestito*: un vestito adeguato.
[3] *midolla*: mollica.

– Cioè?

– Mi manca l'Abbecedario.

– Hai ragione: ma come si fa per averlo?

– È facilissimo: si va da un libraio e si compra.

– E i quattrini?...

– Io non ce l'ho.

– Nemmeno io, soggiunse il buon vecchio, facendosi tristo.

E Pinocchio, sebbene fosse un ragazzo allegrissimo, si fece tristo anche lui: perché la miseria, quando è miseria davvero, la intendono tutti: anche i ragazzi.

– Pazienza! – gridò Geppetto tutt'a un tratto rizzandosi in piedi; e infilatasi la vecchia casacca di frustagno [4], tutta toppe e rimendi [5], uscì correndo di casa.

Dopo poco tornò: e quando tornò aveva in mano l'Abbecedario per il figliuolo, ma la casacca non l'aveva più. Il pover'uomo era in maniche di camicia, e fuori nevicava.

– E la casacca, babbo?

– L'ho venduta.

– Perché l'avete venduta?

– Perché mi faceva caldo.

Pinocchio capì questa risposta a volo, e non potendo frenare l'impeto del suo buon cuore, saltò al collo di Geppetto e cominciò a baciarlo per tutto il viso.

[4] *frustagno* (= *fustagno*): tipo di stoffa grossa di cotone o di lana.
[5] *rimendi*: rammendi.

IX.

*Pinocchio vende l'Abbecedario per andare a vedere
il teatrino dei burattini.*

Smesso che fu di nevicare, Pinocchio col suo bravo Abbecedario[1] nuovo sotto il braccio, prese la strada che menava[2] alla scuola: e strada facendo, fantasticava nel suo cervellino mille ragionamenti e mille castelli in aria, uno più bello dell'altro.

E discorrendo da sé solo, diceva:

– Oggi, alla scuola, voglio subito imparare a leggere: domani poi imparerò a scrivere, e domani l'altro imparerò a fare i numeri. Poi colla mia abilità guadagnerò molti quattrini e coi primi quattrini che mi verranno in tasca, voglio subito fare al mio babbo una bella casacca di panno. Ma che dico di panno? Gliela voglio fare tutta d'argento e d'oro, e coi bottoni di brillanti. E quel pover'uomo se la merita davvero: perché, insomma, per comprarmi i libri e per farmi istruire, è rimasto in maniche di camicia... a questi freddi! Non ci sono che i babbi che sieno [3] capaci di certi sacrifizi!...

Mentre tutto commosso diceva così, gli parve di sentire in lontananza una musica di pifferi e di colpi di gran cassa: *pìpìpì, pìpìpì, zum, zum, zum, zum.*

Si fermò e stette in ascolto. Quei suoni venivano di fondo a

[1] *bravo*: cfr. cap. II, nota 13; Abbedecario: sillabario, il primo libro, che si usa per imparare a leggere (l'abbicci: l'alfabeto).
[2] *menava*: portava.
[3] *sieno*: siano.

42

una lunghissima strada traversa, che conduceva a un piccolo [4] paesetto fabbricato sulla spiaggia del mare.

– Che cosa sia questa musica? Peccato che io debba andare a scuola, se no...

E rimase lì perplesso. A ogni modo, bisognava prendere una risoluzione: o a scuola, o a sentire i pifferi.

– Oggi andrò a sentire i pifferi, e domani a scuola: per andare a scuola c'è sempre tempo – disse finalmente quel monello facendo una spallucciata [5].

Detto fatto, infilò giù per la strada traversa, e cominciò a correre a gambe. Più correva e più sentiva distinto il suono dei pifferi e dei tonfi della grancassa: *pì-pì-pì, pì-pì-pì, pì-pì-pì, zum, zum, zum, zum.*

Quand'ecco che si trovò in mezzo a una piazza tutta piena di gente, la quale si affollava intorno a un gran baraccone di legno e di tela dipinta di mille colori.

– Che cos'è quel baraccone? – domandò Pinocchio, voltandosi a un ragazzetto che era lì del paese.

– Leggi il cartello, che c'è scritto, e lo saprai.

– Lo leggerei volentieri, ma per l'appunto oggi non so leggere.

– Bravo bue! Allora te lo leggerò io. Sappi dunque che in quel cartello a lettere rosse come il fuoco, c'è scritto: GRAN TEATRO DEI BURATTINI...

– È molto che è incominciata la commedia?

– Comincia ora.

– E quanto si spende per entrare?

– Quattro soldi. – Pinocchio, che aveva addosso la febbre della curiosità, perse ogni ritegno, e disse senza vergognarsi al ragazzetto col quale parlava:

– Mi daresti quattro soldi fino a domani?

– Te li darei volentieri – gli rispose l'altro canzonandolo, – ma oggi per l'appunto non te li posso dare.

– Per quattro soldi, ti vendo la mia giacchetta – gli disse allora il burattino.

---

[4] *piccolo*: incrementa il dimitutivo *paesetto*.
[5] *spallucciata*: l'atto di alzare le spalle, in segno di noncuranza.

– Che vuoi che mi faccia di una giacchetta di carta fiorita? Se ci piove su, non c'è più verso di cavarsela da dosso.

– Vuoi comprare le mie scarpe?

– Sono buone per accendere il fuoco.

– Quanto mi dài del berretto?

– Bell'acquisto davvero! Un berretto di midolla di pane! C'è il caso che i topi me lo vengano a mangiare in capo!

Pinocchio era sulle spine. Stava lì lì per fare un'ultima offerta: ma non aveva coraggio; esitava, tentennava, pativa. Alla fine disse:

–Vuoi darmi quattro soldi di quest'Abbecedario nuovo?

– Io sono un ragazzo, e non compro nulla dai ragazzi, gli rispose il suo piccolo interlocutore, che aveva molto più giudizio di lui.

– Per quattro soldi l'Abbecedario lo prendo io, gridò un rivenditore di panni usati, che s'era trovato presente alla conversazione.

E il libro fu venduto lì su due piedi [6]. E pensare che quel pover'uomo di Geppetto era rimasto a casa, a tremare dal freddo in maniche di camicia, per comprare l'Abbecedario al figliuolo!

[6] *sua due piedi*: sùbito.

X.

*I burattini riconoscono il loro fratello Pinocchio
e gli fanno una grandissima festa;
ma sul più bello, esce fuori il burattinaio Mangiafoco
e Pinocchio corre il pericolo di fare una brutta fine.*

Quando Pinocchio entrò nel teatrino delle marionette, accadde un fatto che destò una mezza rivoluzione.

Bisogna sapere che il sipario era tirato su e la commedia era già incominciata.

Sulla scena si vedevano Arlecchino e Pulcinella, che bisticciavano fra di loro e, secondo il solito, minacciavano da un momento all'altro di scambiarsi un carico di schiaffi e di bastonate.

La platea, tutta attenta, si mandava a male [1] dalle grandi risate, nel sentire il battibecco di quei due burattini, che gestivano [2] e si trattavano d'ogni vitupero con tanta verità, come se fossero proprio due animali ragionevoli e due persone di questo mondo.

Quando all'improvviso, che è che non è [3], Arlecchino smette di recitare, e voltandosi verso il pubblico e accennando colla mano qualcuno in fondo alla platea, comincia a urlare in tono drammatico:

– Numi del firmamento! Sogno o son desto? Eppure quello laggiù è Pinocchio!...

[1] *si mandava a male:* si sentiva quasi male.
[2] *gestivano:* gesticolavano, in maniera convulsa.
[3] *che è che non è:* modo di dire, sul tipo di «tra una cosa e l'altra», che rimarca la notazione *all'improvviso.*

– È Pinocchio davvero, grida Pulcinella.

– È proprio lui, strilla la signora Rosaura, facendo capolino di fondo alla scena.

– È Pinocchio! È Pinocchio – urlano in coro tutti i burattini, uscendo a salti fuori dalle quinte. – È Pinocchio! Il nostro fratello Pinocchio! Evviva Pinocchio!...

– Pinocchio, vieni quassù da me, – grida Arlecchino, – vieni a gettarti fra le braccia dei tuoi fratelli di legno!

A questo affettuoso invito Pinocchio spicca un salto, e di fondo alla platea va nei posti distinti; poi con un altro salto, dai posti distinti monta sulla testa del direttore d'orchestra, e di lì schizza sul palcoscenico.

È impossibile figurarsi gli abbracciamenti, gli strizzoni [4] di collo, i pizzicotti dell'amicizia e le zuccate [5] della vera e sincera fratellanza, che Pinocchio ricevé in mezzo a tanto arruffio [6] dagli attori e dalle attrici di quella compagnia drammatico-vegetale [7].

Questo spettacolo era commovente, non c'è che dire: ma il pubblico della platea, vedendo che la commedia non andava più avanti, s'impazientì e prese a gridare: Vogliamo la commedia, vogliamo la commedia!

Tutto fiato buttato via, perché i burattini, invece di continuare la recita, raddoppiarono il chiasso e le grida, e, pòstosi Pinocchio sulle spalle, se lo portarono in trionfo davanti ai lumi della ribalta.

Allora uscì fuori il burattinaio, un omone così brutto, che metteva paura soltanto a guardarlo. Aveva una barbaccia nera come uno scarabocchio d'inchiostro, e tanto lunga che gli scendeva dal mento fino a terra: basta dire che, quando camminava, se la pestava coi piedi. La sua bocca era larga come un forno, i suoi occhi parevano due lanterne di vetro rosso, col lume acceso

---

[4] *strizzoni*: strette energiche.

[5] *zuccate*: letteralmente «testate».

[6] *arruffio*: disordine.

[7] *drammatico-vegetale*: agg. composto, coniato dal Collodi, per designare i burattini di legno.

di dietro, e con le mani schioccava una grossa frusta, fatta di serpenti e di code di volpe attorcigliate insieme.

All'apparizione inaspettata del burattinaio, ammutolirono tutti: nessuno fiatò più. Si sarebbe sentito volare una mosca. Quei poveri burattini, maschi e femmine, tremavano come tante foglie.

– Perché sei venuto a mettere lo scompiglio nel mio teatro? – domandò il burattinaio a Pinocchio, con un vocione d'Orco gravemente infreddato di testa.

– La creda, illustrissimo, che la colpa non è stata mia! ...

– Basta così! Stasera faremo i nostri conti.

Difatti finita la recita della commedia, il burattinaio andò in cucina, dov'egli s'era preparato per cena un bel montone, che girava lentamente infilato nello spiede [8]. E perché gli mancavano le legna per finirlo di cuocere e di rosolare, chiamò Arlecchino e Pulcinella e disse loro:

– Portatemi di qua quel burattino, che troverete attaccato al chiodo. Mi pare un burattino fatto di un legname molto asciutto, e sono sicuro che, a buttarlo sul fuoco, mi darà una bellissima fiammata all'arrosto.

Arlecchino e Pulcinella da principio esitarono; ma impauriti da un'occhiataccia del loro padrone, obbedirono: e dopo poco tornarono in cucina, portando sulle braccia il povero Pinocchio, il quale, divincolandosi come un'anguilla fuori dell'acqua, strillava disperatamente: – Babbo mio salvatemi! Non voglio morire, non voglio morire!...

[8] *spiede*: spiedo.

XI.

Mangiafoco starnutisce e perdona a Pinocchio,
il quale poi difende dalla morte il suo amico Arlecchino.

Il burattinaio Mangiafoco (che questo era il suo nome) pareva un uomo spaventoso, non dico di no, specie con quella sua barbaccia nera che, a uso grembiale [1], gli copriva [2] tutto il petto e tutte le gambe; ma nel fondo poi non era un cattiv'uomo. Prova ne sia che quando vide portarsi davanti quel povero Pinocchio, che si dibatteva per ogni verso, urlando «Non voglio morire, non voglio morire!», principiò subito a commuoversi e a impietosirsi e, dopo aver resistito un bel pezzo, alla fine non ne poté più, e lasciò andare un sonorosissimo starnuto.

A quello starnuto, Arlecchino, che fin allora era stato afflitto e ripiegato come un salcio piangente, si fece tutto allegro in viso e, chinatosi verso Pinocchio, gli bisbigliò sottovoce:

– Buone nuove, fratello. Il burattinaio ha stranutito [3], e questo è segno che s'è mosso a compassione per te, e oramai sei salvo.

Perché bisogna sapere che, mentre tutti gli uomini, quando si sentono impietositi per qualcuno, o piangono o per lo meno fanno finta di rasciugarsi gli occhi, Mangiafoco, invece, ogni volta che s'inteneriva davvero aveva il vizio di starnutire. Era un modo come un altro, per dare a conoscere agli altri la sensibilità del suo cuore.

---

[1] *a suo grembiale* (= *grembiule*): a mo' di sopravveste.
[2] *cuopriva*: copriva (dittongo mobile).
[3] *stranutito*: starnutito (con metatesi).

Dopo avere starnutito, il burattinaio, seguitando a fare il burbero, gridò a Pinocchio:

– Finiscila di piangere! I tuoi lamenti mi hanno messo un'uggiolina [4] qui in fondo allo stomaco... sento uno spasimo, che quasi quasi... *Etcì! etcì!* e fece altri due starnuti.

– Felicità – disse Pinocchio.

– Grazie. E il tuo babbo e la tua mamma sono sempre vivi? – gli domandò Mangiafoco.

– Il babbo, sì: la mamma non l'ho mai conosciuta.

– Chi lo sa che dispiacere sarebbe per il tuo vecchio padre, se ora ti facessi gettare fra que' carboni ardenti! – Povero vecchio! Lo compatisco!... *Etcì, etcì, etcì* – e fece altri tre starnuti.

– Felicità! disse Pinocchio.

– Grazie! Del resto bisogna compatire anche me, perché, come vedi, non ho più legna per finire di cuocere quel montone arrosto, e tu, dico la verità, in questo caso mi avresti fatto un gran comodo! Ma oramai mi sono impietosito e ci vuol pazienza. Invece di te, metterò a bruciare sotto lo spiedo qualche burattino della mia Compagnia. Olà, giandarmi!

A questo comando comparvero subito due giandarmi di legno, lunghi lunghi, secchi secchi, col cappello a lucerna in testa e colla sciabola sfoderata in mano.

Allora il burattinaio disse loro con voce rantolosa:

– Pigliatemi lì quell'Arlecchino, legatelo ben bene, e poi gettatelo a bruciare sul fuoco. Io voglio che il mio montone sia arrostito bene!

Figuratevi il povero Arlecchino! Fu tanto il suo spavento, che le gambe gli si ripiegarono e cadde bocconi per terra.

Pinocchio, alla vista di quello spettacolo straziante, andò a gettarsi ai piedi del burattinaio e piangendo dirottamente e bagnandogli di lacrime tutti i peli della lunghissima barba, cominciò a dire con voce supplichevole:

– Pietà, signor Mangiafoco! ...

– Qui non ci son signori! – replicò duramente il burattinaio.

_____

[4] *uggiolina*: languore.

– Pietà, signor Cavaliere!...

– Qui non ci son cavalieri!

– Pietà, signor Commendatore!...

– Qui non ci sono commendatori!

– Pietà, Eccellenza!...

A sentire chiamare Eccellenza il burattinaio fece subito il bocchino tondo[5] e, diventato tutt'a un tratto più umano e più trattabile, disse a Pinocchio:

– Ebbene, che cosa vuoi da me?

– Vi domando grazia per il povero Arlecchino!...

– Qui non c'è grazia che tenga. Se ho risparmiato te, bisogna che faccia mettere sul fuoco lui, perché io voglio che il mio montone sia arrostito bene.

– In questo caso, – gridò fieramente Pinocchio, rizzandosi e gettando via il suo berretto di midolla di pane – in questo caso conosco qual è il mio dovere. Avanti, signori giandarmi! Legatemi e gettatemi là fra quelle fiamme. No, non è giusto che il povero Arlecchino, il vero amico mio, debba morire per me!...

Queste parole, pronunziate con voce alta e con accento eroico, fecero piangere tutti i burattini che erano presenti a quella scena. Gli stessi giandarmi, sebbene fossero di legno, piangevano come due agnellini di latte.

Mangiafoco, sul principio, rimase duro e immobile come un pezzo di ghiaccio: ma poi, adagio adagio, cominciò anche lui a commuoversi e a starnutire. E fatti quattro cinque starnuti, aprì affettuosamente le braccia e disse a Pinocchio:

– Tu sei un gran bravo ragazzo! Vieni qua da me e dammi un bacio.

Pinocchio corse subito, e arrampicandosi come uno scoiattolo su per la barba del burattinaio, andò a posargli un bellissimo bacio sulla punta del naso.

– Dunque la grazia è fatta? domandò il povero Arlecchino, con un fil di voce che si sentiva appena.

---

[5] *fare il bocchino tondo* (*bocchino* è diminutivo di bocca): espressione toscana, che indica letteralmente l'atto di accostare le labbra e arrotondarle, in segno di pacifica sottomissione.

– La grazia è fatta! – rispose Mangiafoco: poi soggiunse sospirando e tentennando il capo:

– Pazienza! Per questa sera mi rassegnerò a mangiare il montone mezzo crudo: ma un'altra volta, guai a chi toccherà! [6] ...

Alla notizia della grazia ottenuta, i burattini corsero tutti sul palcoscenico e, accesi i lumi e i lampadari come in serata di gala, cominciarono a saltare e a ballare. Era l'alba e ballavano sempre.

[5] *toccherà*: capiterà (la medesima vicenda).

XII.

Il burattinaio Mangiafoco regala cinque monete d'oro
a Pinocchio, perché le porti al suo babbo Geppetto:
e Pinocchio, invece, si lascia abbindolare
dalla Volpe e dal Gatto e se ne va con loro.

Il giorno dipoi [1] Mangiafoco chiamò in disparte Pinocchio
e gli domandò:
– Come si chiama tuo padre?
– Geppetto.
– E che mestiere fa?
– Il povero.
– Guadagna molto?
– Guadagna tanto, quanto ci vuole per non aver mai un
centesimo in tasca. Si figuri che per comprarmi l'Abbece-
dario della scuola dové vendere l'unica casacca che aveva
addosso: una casacca che, fra toppe e rimendi, era tutta
una piaga.
– Povero diavolo! Mi fa quasi compassione. Ecco qui
cinque monete d'oro. Vai subito a portargliele e salutalo tanto
da parte mia.
Pinocchio, com'è facile immaginarselo, ringraziò mille volte
il burattinaio: abbracciò, a uno a uno, tutti i burattini della
Compagnia, anche i giandarmi: e fuori di sé dalla contentezza,
si mise in viaggio per tornarsene a casa sua.
Ma non aveva fatto ancora mezzo chilometro, che incontrò per la strada una Volpe zoppa da un piede e un Gatto

[1] *dipoi*: seguente.

cieco da tutt'e due gli occhi, che se ne andavano là là[2], aiutandosi fra di loro, da buoni compagni di sventura. La Volpe, che era zoppa, camminava appoggiandosi al Gatto: e il Gatto, che era cieco, si lasciava guidare dalla Volpe.

– Buon giorno, Pinocchio – gli disse la Volpe, salutandolo garbatamente.

– Com'è che sai il mio nome? – domandò il burattino.

– Conosco bene il tuo babbo.

– Dove l'hai veduto?

– L'ho veduto ieri sulla porta di casa sua.

– E che cosa faceva?

– Era in maniche di camicia e tremava dal freddo.

– Povero babbo! Ma, se Dio vuole, da oggi in poi non tremerà più!...

– Perché?

– Perché io sono diventato un gran signore.

– Un gran signore tu? – disse la Volpe, e cominciò a ridere di un riso sguaiato e canzonatore: e il Gatto rideva anche lui, ma per non darlo a vedere, si pettinava i baffi colle zampe davanti.

– C'è poco da ridere – gridò Pinocchio impermalito. – Mi dispiace davvero di farvi venire l'acquolina in bocca, ma queste qui, se ve ne intendete, sono cinque bellissime monete d'oro.

E tirò fuori le monete avute in regalo da Mangiafoco.

Al simpatico suono di quelle monete, la Volpe, per un moto involontario, allungò la gamba che pareva rattrappita, e il Gatto spalancò tutt'e due gli occhi, che parvero due lanterne verdi: ma poi li richiuse subito, tant'è vero che Pinocchio non si accorse di nulla.

– E ora – gli domandò la Volpe – che cosa vuoi farne di codeste monete?

– Prima di tutto – rispose il burattino – voglio comprare per il mio babbo una bella casacca nuova, tutta d'oro e d'argento

---

[2] *là là*: piano, piano, adagio.

e coi bottoni di brillanti: e poi voglio comprare un Abbecedario per me.

– Per te?

– Davvero: perché voglio andare a scuola e mettermi a studiare a buono [3].

– Guarda me! – disse la Volpe. – Per la passione sciocca di studiare ho perduto una gamba.

– Guarda me! – disse il Gatto. – Per la passione sciocca di studiare ho perduto la vista di tutti e due gli occhi.

In quel mentre un merlo bianco [4], che se ne stava appollaiato sulla siepe della strada, fece il suo solito verso e disse:

– Pinocchio, non dar retta ai consigli dei cattivi compagni: se no, te ne pentirai!

Povero Merlo, non l'avesse mai detto! Il Gatto, spiccando un gran salto, gli si avventò addosso, e senza dargli nemmeno il tempo di dire *ohi* se lo mangiò in un boccone, con le penne e tutto.

Mangiato che l'ebbe e ripulitasi la bocca, chiuse gli occhi daccapo e ricominciò a fare il cieco come prima.

– Povero Merlo, – disse Pinocchio al Gatto – perché l'hai trattato così male?

– Ho fatto per dargli una lezione. Così un'altra volta imparerà a non metter bocca nei discorsi degli altri.

Erano giunti più che a mezza strada, quando la Volpe, fermandosi di punto in bianco, disse al burattino:

– Vuoi raddoppiare le tue monete d'oro?

– Cioè?

– Vuoi tu, di cinque miserabili zecchini, farne cento, mille, duemila?

– Magari! E la maniera?

– La maniera è facilissima. Invece di tornartene a casa tua, dovresti venire con noi.

– E dove mi volete condurre?

[3] *a buono*: seriamente.

[4] *un merlo bianco*: presenza surreale (in quanto i merli hanno piumeggio scuro), che incarna – come il Grillo-parlante – la voce della coscienza.

– Nel paese dei Barbagianni.

Pinocchio ci pensò un poco, e poi disse risolutamente:

– No, non ci voglio venire. Oramai sono vicino a casa, e voglio andarmene a casa, dove c'è il mio babbo che m'aspetta. Chi lo sa, povero vecchio, quanto ha sospirato ieri, a non vedermi tornare. Purtroppo io sono stato un figliuolo cattivo, e il Grilloparlante aveva ragione quando diceva: «I ragazzi disobbedienti non possono aver bene in questo mondo». E io l'ho provato a mie spese, perché mi sono capitate di molte disgrazie, e anche ieri sera in casa di Mangiafoco, ho corso pericolo... Brrr! mi viene i bordoni [5] soltanto a pensarci!

– Dunque – disse la Volpe – vuoi proprio andare a casa tua? Allora vai pure, e tanto peggio per te.

– Tanto peggio per te! – ripeté il Gatto.

– Pensaci bene, Pinocchio, perché tu dài un calcio alla fortuna.

– Alla fortuna! – ripeté il Gatto.

– I tuoi cinque zecchini, dall'oggi al domani sarebbero diventati duemila.

– Duemila! – ripeté il Gatto.

– Ma com'è mai possibile che diventino tanti? – domandò Pinocchio, restando a bocca aperta dallo stupore.

– Te lo spiego subito – disse la Volpe. – Bisogna sapere che nel paese dei Barbagianni c'è un campo benedetto, chiamato da tutti il Campo dei miracoli. Tu fai in questo campo una piccola buca e ci metti dentro per esempio uno zecchino d'oro. Poi ricopri la buca con un po' di terra: l'annaffi con due secchie d'acqua di fontana, ci getti sopra una presa [6] di sale, e la sera te ne vai tranquillamente a letto. Intanto, durante la notte, lo zecchino germoglia e fiorisce, e la mattina dopo, di levata, ritornando nel campo, che cosa trovi? Trovi un bell'albero carico di tanti zecchini d'oro, quanti chicchi di grano può avere una bella spiga nel mese di giugno.

– Sicché dunque – disse Pinocchio sempre più sbalordito – se

---

[5] *bardoni*: brividi (di paura).
[6] *presa*: manciata.

io sotterrassi in quel campo i miei cinque zecchini, la mattina dopo quanti zecchini ci troverei?

– È un conto facilissimo – rispose la Volpe – un conto che puoi farlo sulla punta delle dita. Poni che ogni zecchino ti faccia un grappolo di cinquecento zecchini: moltiplica il cinquecento per cinque e la mattina dopo ti trovi in tasca duemila cinquecento zecchini lampanti e sonanti.

– Oh che bella cosa! – gridò Pinocchio, ballando dall'allegrezza[7]. – Appena che questi zecchini gli avrò raccolti, ne prenderò per me duemila e gli altri cinquecento di più li darò in regalo a voi altri due.

– Un regalo a noi? – gridò la Volpe sdegnandosi e chiamandosi offesa. – Dio te ne liberi!

– Te ne liberi! – ripeté il Gatto.

– Noi – riprese la Volpe – non lavoriamo per il vile interesse: noi lavoriamo unicamente per arricchire gli altri.

– Gli altri! – ripeté il Gatto.

– Che brave persone! – pensò dentro di sé Pinocchio: e dimenticandosi lì sul tamburo [8], del suo babbo, della casacca nuova, dell'Abbecedario e di tutti i buoni proponimenti fatti, disse alla Volpe e al Gatto:

– Andiamo subito. Io vengo con voi.

[7] *allegrezza*: allegria.
[8] *lì sul tamburo*: sùbito; cfr. l'espressione «a tamburo battente».

XIII.

L'osteria del «Gambero rosso».

Cammina, cammina, cammina, alla fine sul far della sera arrivarono stanchi morti all'Osteria del Gambero Rosso.

– Fermiamoci un po' qui, – disse la Volpe, – tanto per mangiare un boccone e per riposarci qualche ora. A mezzanotte poi ripartiremo per essere domani, all'alba, nel Campo dei miracoli.

Entrati nell'osteria, si posero tutti e tre a tavola: ma nessuno di loro aveva appetito.

Il povero Gatto, sentendosi gravemente indisposto di stomaco, non poté mangiare altro che trentacinque triglie con salsa di pomodoro e quattro porzioni di trippa alla parmigiana: e perché la trippa non gli pareva condita abbastanza, si rifece tre volte a chiedere il burro e il formaggio grattato!

La Volpe avrebbe spelluzzicato [1] volentieri qualche cosa anche lei: ma siccome il medico le aveva ordinato una grandissima dieta, così dové contentarsi di una semplice lepre dolce e forte con un leggerissimo contorno di pollastre ingrassate e di galletti di primo canto [2]. Dopo la lepre si fece portare per tornagusto [3] un cibreino [4] di pernici, di starne, di conigli, di ranocchi, di lucertole e d'uva paradisa; e poi non volle altro. Aveva tanta nausea per il cibo, diceva lei, che non poteva accostarsi nulla alla bocca.

[1] *spelluzzicato*: spilluccato (ironico).
[2] *di primo canto*: giovani.
[3] *per tornagusto*: per stuzzicare ancora il palato.
[4] *un cibreino*: un misto (di quanto segue).

Quello che mangiò meno di tutti fu Pinocchio. Chiese uno spicchio di noce e un cantuccio [5] di pane, e lasciò nel piatto ogni cosa. Il povero figliuolo col pensiero sempre fisso al Campo dei miracoli, aveva preso un'indigestione anticipata di monete d'oro.

Quand'ebbero cenato, la Volpe disse all'oste:

– Dateci due buone camere, una per il signor Pinocchio e un'altra per me e per il mio compagno. Prima di ripartire stiacceremo un sonnellino [6]. Ricordatevi però che a mezzanotte vogliamo essere svegliati per continuare il nostro viaggio.

– Sissignori, rispose l'oste, e strizzò l'occhio alla Volpe e al Gatto, come dire: «Ho mangiata la foglia [7] e ci siamo intesi!...».

Appena che Pinocchio fu entrato nel letto, si addormentò a colpo [8] e principiò a sognare. E sognando gli pareva di essere in mezzo a un campo, e questo campo era pieno di arboscelli carichi di grappoli, e questi grappoli erano carichi di zecchini d'oro che, dondolandosi mossi dal vento, facevano *zin, zin, zin*, quasi volessero dire «chi ci vuole venga a prenderci». Ma quando Pinocchio fu sul più bello, quando, cioè, allungò la mano per prendere a manciate tutte quelle belle monete e mettersele in tasca, si trovò svegliato all'improvviso da tre violentissimi colpi dati nella porta di camera.

Era l'oste che veniva a dirgli che la mezzanotte era suonata.

– E i miei compagni sono pronti? – gli domandò il burattino.

– Altro che pronti! Sono partiti due ore fa.

– Perché mai tanta fretta?

– Perché il Gatto ha ricevuto un'imbasciata, che il suo gattino maggiore, malato di geloni ai piedi, stava in pericolo di vita.

---

[5] *cantuccino*: pezzetto (nella porzione dove c'è più crosta).

[6] *stiacceremo* (= *schiacceremo*) *un sonnellino*: dormiremo un poco.

[7] «mangiare la foglia» (gergale): è ribadito da «ci siamo intesi».

[8] *a colpo*: immediatamente.

– E la cena l'hanno pagata?

– Che vi pare? Quelle lì sono persone troppo educate, perché facciano un affronto simile alla signoria vostra.

– Peccato! Quest'affronto mi avrebbe fatto tanto piacere! – disse Pinocchio, grattandosi il capo. Poi domandò:

– E dove hanno detto di aspettarmi quei buoni amici?

– Al Campo dei miracoli, domattina, allo spuntare del giorno.

Pinocchio pagò uno zecchino per la cena sua e per quella dei suoi compagni, e dopo partì.

Ma si può dire che partisse a tastoni, perché fuori del l'osteria c'era un buio così buio, che non ci si vedeva da qui a lì. Nella campagna all'intorno non si sentiva alitare una foglia. Solamente alcuni uccellacci notturni, traversando la strada da una siepe all'altra, venivano a sbattere le ali sul naso di Pinocchio, il quale facendo un salto indietro per la paura, gridava: – Chi va là? – e l'eco delle colline circostanti ripeteva in lontananza – Chi va là? chi va là? chi va là?

Intanto, mentre camminava, vide sul tronco di un albero un piccolo animaletto che riluceva di una luce pallida e opaca, come un lumino da notte dentro una lampada di porcellana trasparente.

– Chi sei? – gli domandò Pinocchio.

– Sono l'ombra del Grillo-parlante – rispose l'animaletto, con una vocina fioca fioca, che pareva venisse dal mondo di là.

– Che vuoi da me? – disse il burattino.

– Voglio darti un consiglio. Ritorna indietro e porta i quattro zecchini, che ti sono rimasti, al tuo povero babbo che piange e si dispera per non averti più veduto.

– Domani il mio babbo sarà un gran signore, perché questi quattro zecchini diventeranno duemila.

– Non ti fidare, ragazzo mio, di quelli che promettono di farti ricco dalla mattina alla sera. Per il solito, o sono matti o imbroglioni! Dài retta a me, ritorna indietro.

– E io, invece, voglio andare avanti.

– L'ora è tarda!...

– Voglio andare avanti.

– La nottata è scura...

– Voglio andare avanti.

– La strada è pericolosa...

– Voglio andare avanti.

– Ricordati che i ragazzi che vogliono fare di loro capriccio e a modo loro, prima o poi se ne pentono.

– Le solite storie. Buona notte, Grillo.

– Buona notte, Pinocchio, e che il cielo ti salvi dalla guazza [9] e dagli assassini.

Appena dette queste ultime parole, il Grillo-parlante si spense a un tratto, come si spenge un lume soffiandoci sopra, e la strada rimase più buia di prima.

[9] *guazza*: rugiada.

XIV.

Pinocchio, per non aver dato retta ai buoni consigli del Grillo-parlante, s'imbatte negli assassini.

– Davvero – disse fra sé il burattino rimettendosi in viaggio – come siamo disgraziati noi altri poveri ragazzi. Tutti ci sgridano, tutti ci ammoniscono, tutti ci danno dei consigli. A lasciarli dire, tutti si metterebbero in capo di essere i nostri babbi e i nostri maestri: tutti: anche i Grilli-parlanti. Ecco qui: perché io non ho voluto dar retta a quell'uggioso [1] di Grillo, chi lo sa quante disgrazie, secondo lui, mi dovrebbero accadere! Dovrei incontrare anche gli assassini! Meno male che agli assassini io non ci credo, né ci ho creduto mai. Per me gli assassini sono stati inventati apposta dai babbi, per far paura ai ragazzi che vogliono andare fuori la notte. E poi se anche li trovassi qui sulla strada, mi darebbero forse soggezione? Neanche per sogno. Anderei loro sul viso, gridando: «Signori assassini, che cosa vogliono da me? Si rammentino che con me non si scherza! Se ne vadano dunque per i fatti loro, e zitti!» A questa parlantina [2] fatta sul serio, quei poveri assassini, mi par di vederli, scapperebbero via come il vento. Caso poi fossero tanto ineducati da non volere scappare, allora scapperei io, e così la farei finita...

Ma Pinocchio non poté finire il suo ragionamento, perché in quel punto gli parve di sentire dietro di sé un leggerissimo fruscio di foglie.

[1] *uggioso*: noioso.
[2] *parlantina*: ragionamento categorico.

61

Si voltò a guardare e vide nel buio due figuracce nere tutte imbacuccate [3] in due sacchi da carbone, le quali correvano dietro a lui a salti e in punta di piedi, come se fossero due fantasmi.

– Eccoli davvero! – disse dentro di sé, e non sapendo dove nascondere i quattro zecchini, se li nascose in bocca e precisamente sotto la lingua.

Poi si provò a scappare. Ma non aveva ancor fatto il primo passo, che sentì agguantarsi per le braccia e intese due voci orribili e cavernose, che gli dissero:

– O la borsa o la vita!

Pinocchio, non potendo rispondere con le parole, a motivo delle monete che aveva in bocca, fece mille salamelecchi e mille pantomime per dare ad intendere a quei due incappati, di cui si vedevano soltanto gli occhi attraverso i buchi dei sacchi, che lui era un povero burattino, e che non aveva in tasca nemmeno un centesimo falso.

– Via, via! Meno ciarle e fuori i denari! – gridavano minacciosamente i due briganti.

E il burattino fece col capo e colle mani un segno, come dire: «Non ne ho».

– Metti fuori i denari o sei morto – disse l'assassino più alto di statura.

– Morto! – ripeté l'altro.

– E dopo ammazzato te, ammazzeremo anche tuo padre!

– Anche tuo padre!

– No, no, no, il mio povero babbo no! – gridò Pinocchio con accento disperato: ma nel gridare così, gli zecchini gli suonarono in bocca.

– Ah! Furfante! Dunque i denari te li sei nascosti sotto la lingua? Sputali subito!

E Pinocchio, duro! [4]

– Ah! Tu fai il sordo? Aspetta un poco, che penseremo noi a farteli sputare!

Difatti uno di loro afferrò il burattino per la punta del naso

---

[3] *imbacuccate*: avvolte.
[4] *duro*: ostinato.

e quell'altro lo prese per la bazza [5], e lì cominciarono a tirare screanzatamente, uno per in qua e l'altro per in là, tanto da costringerlo a spalancare la bocca: ma non ci fu verso. La bocca del burattino pareva inchiodata e ribadita [6].

Allora l'assassino più piccolo di statura, cavato fuori un coltellaccio, provò a conficcarglielo a guisa di leva e di scalpello fra le labbra: ma Pinocchio, lesto come un lampo, gli azzannò la mano coi denti, e dopo avergliela con un morso staccata di netto, la sputò; e figuratevi la sua meraviglia quando, invece di una mano, si accorse di avere sputato in terra uno zampetto di gatto.

Incoraggiato da questa prima vittoria, si liberò a forza dalle unghie degli assassini, e saltata la siepe della strada, cominciò a fuggire per la campagna. E gli assassini a correre dietro a lui, come due cani dietro una lepre: e quello che aveva perduto uno zampetto correva con una gamba sola, né si è saputo mai come facesse.

Dopo una corsa di quindici chilometri, Pinocchio non ne poteva più. Allora, vistosi perso, si arrampicò su per il fusto di un altissimo pino e si pose a sedere in vetta ai rami. Gli assassini tentarono di arrampicarsi anche loro, ma giunti a metà del fusto, sdrucciolarono e, ricascando a terra, si spellarono le mani e i piedi.

Non per questo si dettero per vinti: che anzi, raccolto un fastello di legna secche a più del pino, vi appiccarono il fuoco. In men che non si dice, il pino cominciò a bruciare e a divampare, come una candela agitata dal vento. Pinocchio, vedendo che le fiamme salivano sempre più, e non volendo far la fine del piccione arrosto, spiccò un bel salto di vetta all'albero [7], e via a correre daccapo attraverso ai campi e ai vigneti. E gli assassini dietro, sempre dietro, senza stancarsi mai.

Intanto cominciava a baluginare [8] il giorno e si rincorrevano sempre; quand'ecco che Pinocchio si trovò improvvisamente

---

[5] *bozza*: mento.
[6] *ribadita*: rinsaldata.
[7] *di vetta all'albero*: dalla cima dell'albero.
[8] *baluginare*: schiarire (alle prime luci dell'alba).

sbarrato il passo da un fosso largo e profondissimo, tutto pieno di acquaccia sudicia, color del caffè e latte. Che fare? «Una, due, tre!» gridò il burattino, e slanciandosi con una gran rincorsa, saltò dall'altra parte. E gli assassini saltarono anche loro, ma non avendo preso bene la misura, patatunfete!... cascarono giù nel bel mezzo del fosso. Pinocchio che sentì il tonfo e gli schizzi dell'acqua, urlò ridendo e seguitando a correre:

– Buon bagno, signori assassini.

E già si figurava che fossero bell'e affogati, quando invece, voltandosi a guardare, si accorse che gli correvano dietro tutti e due, sempre imbacuccati nei loro sacchi, e grondanti acqua come due panieri sfondati.

XV.

Gli assassini inseguono Pinocchio; e dopo averlo raggiunto, lo impiccano a un ramo della Quercia grande.

Allora il burattino, perdutosi d'animo, fu proprio sul punto di gettarsi in terra e di darsi per vinto, quando nel girare gli occhi all'intorno vide fra mezzo al verde cupo degli alberi biancheggiare in lontananza una casina candida come la neve.

– Se io avessi tanto fiato da arrivare fino a quella casa, forse sarei salvo, disse dentro di sé.

E senza indugiare un minuto riprese a correre per il bosco a carriera distesa [1]. E gli assassini sempre dietro.

E dopo una corsa disperata di quasi due ore, finalmente tutto trafelato arrivò alla porta di quella casina e bussò.

Nessuno rispose.

Tornò a bussare con maggior violenza, perché sentiva avvicinarsi il rumore dei passi e il respiro grosso e affannoso de' suoi persecutori. Lo stesso silenzio.

Avvedutosi che il bussare non giovava a nulla, cominciò per disperazione a dare calci e zuccate nella porta. Allora si affacciò alla finestra una bella bambina, coi capelli turchini e il viso bianco come un'immagine di cera, gli occhi chiusi e le mani incrociate sul petto, la quale senza muovere punto le labbra, disse con una vocina che pareva venisse dall'altro mondo:

– In questa casa non c'è nessuno. Sono tutti morti.

– Aprimi almeno tu! – gridò Pinocchio piangendo e raccomandandosi.

---

[1] *a carriera distesa* (si dice ancora comunemente: «di gran carriera»): a grande velocità.

– Sono morta anch'io.

– Morta? E allora che cosa fai costì alla finestra?

– Aspetto la bara che venga a portarmi via.

Appena detto così, la bambina disparve, e la finestra si richiuse senza far rumore.

– O bella bambina dai capelli turchini, – gridava Pinocchio, – aprimi per carità. Abbi compassione di un povero ragazzo inseguito dagli assass...

Ma non potè finir la parola, perché sentì afferrarsi per il collo, e le solite due vociaccie che gli brontolarono minacciosamente:

– Ora non ci scappi più!

Il burattino, vedendosi balenare la morte dinanzi agli occhi, fu preso da un tremito così forte, che nel tremare, gli suonavano le giunture delle sue gambe di legno e i quattro zecchini che teneva nascosti sotto la lingua.

– Dunque? – gli domandarono gli assassini – vuoi aprirla la bocca, sì o no? Ah! non rispondi? ... Lascia fare: ché questa volta te la faremo aprir noi!...

E cavato fuori due coltellacci lunghi lunghi e affilati come rasoi, *zaff*... gli affibbiarono due colpi nel mezzo alle reni.

Ma il burattino per sua fortuna era fatto d'un legno durissimo, motivo per cui le lame, spezzandosi, andarono in mille schegge e gli assassini rimasero col manico dei coltelli in mano, a guardarsi in faccia.

– Ho capito – disse allora un di loro – bisogna impiccarlo! Impicchiamolo!

– Impicchiamolo – ripeté l'altro.

Detto fatto, gli legarono le mani dietro le spalle e, passatogli un nodo scorsoio intorno alla gola, lo attaccarono penzoloni al ramo di una grossa pianta detta la Quercia grande.

Poi si posero là, seduti sull'erba, aspettando che il burattino facesse l'ultimo sgambetto: ma il burattino, dopo tre ore, aveva sempre gli occhi aperti, la bocca chiusa e sgambettava più che mai.

Annoiati finalmente di aspettare, si voltarono a Pinocchio e gli dissero sghignazzando:

– Addio a domani. Quando domani torneremo qui, si spera

che ci farai la garbatezza [2] di farti trovare bell'e morto e con la bocca spalancata.

E se ne andarono.

Intanto s'era levato un vento impetuoso di tramontana, che soffiando e mugghiando con rabbia, sbatacchiava in qua e in là il povero impiccato, facendolo dondolare violentemente come il battaglio d'una campana che suona a festa.

E quel dondolìo gli cagionava acutissimi spasimi, e il nodo scorsoio, stringendosi sempre più alla gola, gli toglieva il respiro.

A poco a poco gli occhi gli si appannarono; e sebbene sentisse avvicinarsi la morte, pure sperava sempre che da un momento all'altro sarebbe capitata qualche anima pietosa a dargli aiuto. Ma quando, aspetta aspetta, vide che non compariva nessuno, proprio nessuno, allora gli tornò in mente il suo povero babbo... e balbettò.

– Oh babbo mio! Se tu fossi qui!...

E non ebbe fiato per dir altro. Chiuse gli occhi, aprì la bocca, stirò le gambe e, dato un grande scrollone, rimase lì come intirizzito [3].

<hr/>

[2] *la garbatezza*: la cortesia (sarcastico).

[3] Termina con questo capitolo la *Storia di un burattino*, apparsa sul "Giornale per i bambini" 7 luglio-27 ottobre 1881); la pubblicazione riprende il 16 febbraio 1882, con il titolo poi definitivo *Le avventure di Pinocchio*.

XVI.

La bella Bambina dai capelli turchini
fa raccogliere il burattino: lo mette a letto,
e chiama tre medici per sapere se sia vivo o morto.

In quel mentre che il povero Pinocchio impiccato dagli assassini a un ramo della Quercia grande, pareva oramai più morto che vivo, la bella Bambina dai capelli turchini si affacciò daccapo alla finestra, e impietositasi alla vista di quell'infelice che, sospeso per il collo, ballava il trescone [1] alle ventate di tramontana, batté per tre volte le mani insieme, e fece tre piccoli colpi.

A questo segnale si sentì un gran rumore di ali che volavano con foga precipitosa, e un grosso falco venne a posarsi sul davanzale della finestra.

– Che cosa comandate, mia graziosa Fata? – disse il Falco abbassando il becco in atto di reverenza: perché bisogna sapere che la Bambina dai capelli turchini, non era altro in fin dei conti che una bonissima [2] Fata che da più di mill'anni abitava nelle vicinanze di quel bosco.

– Vedi tu quel burattino attaccato penzoloni a un ramo della Quercia grande?

– Lo vedo.

– Orbene: vola subito laggiù: rompi col tuo fortissimo becco il nodo che lo tiene sospeso in aria e posalo delicatamente sdraiato sull'erba, a piè della Quercia.

---

[1] *trescone*: danza di carattere rustico (con l'espressione «ballava il t.», si allude al movimento del corpo del burattino impiccato).

[2] *bonissima* = buonissima (dittongo mobile).

Il Falco volò via e dopo due minuti tornò, dicendo:

– Quel che mi avete comandato, è fatto.

– E come l'hai trovato? Vivo o morto?

– A vederlo pareva morto, ma non dev'essere ancora morto perbene, perché appena gli ho sciolto il nodo scorsoio che lo stringeva intorno alla gola, ha lasciato andare un sospiro, balbettando a mezza voce: «Ora mi sento meglio!...»

Allora la Fata, battendo le mani insieme, fece due piccoli colpi, e apparve un magnifico Can-barbone, che camminava ritto sulle gambe di dietro, tale e quale come se fosse un uomo.

Il Can-barbone era vestito da cocchiere in livrea di gala. Aveva in capo un nicchiettino [3] a tre punte gallonato d'oro, una parrucca bianca coi riccioli che gli scendevano giù per il collo, una giubba color di cioccolata coi bottoni di brillanti e con due grandi tasche per tenervi gli ossi, che gli regalava a pranzo la padrona, un paio di calzon corti di velluto cremisi, le calze di seta, gli scarpini scollati, e di dietro una specie di fodera da ombrelli, tutta di raso turchino, per mettervi dentro la coda, quando il tempo cominciava a piovere.

– Su da bravo, Medoro! – disse la Fata al Can-barbone. Fai subito attaccare la più bella carrozza della mia scuderia e prendi la via del bosco. Arrivato che sarai sotto la Quercia grande, troverai disteso sull'erba un povero burattino mezzo morto. Raccoglilo con garbo, posalo pari pari [4] su i cuscini della carrozza e portamelo qui. Hai capito?

Il Can-barbone, per fare intendere che aveva capito, dimenò tre o quattro volte la fodera di raso turchino, che aveva dietro, e partì come un barbero.

Di lì a poco, si vide uscire dalla scuderia una bella carrozzina color dell'aria, tutta imbottita di penne di canarino e foderata nell'interno di panna montata e di crema coi savoiardi. La carrozzina era tirata da cento pariglie di topini bianchi, e il Can-barbone, seduto a cassetta, schioccava la frusta a destra e sinistra, come un vetturino quand'ha paura di aver fatto tardi.

Non era ancora passato un quarto d'ora, che la carrozzina

---

[3] *nicchiettino*: piccolo tricorno (cappello a tre punte).

[4] *pari pari*: senza traumatizzarlo.

tornò, e la Fata, che stava aspettando sull'uscio di casa, prese in collo il povero burattino, e portatolo in una cameretta che aveva le pareti di madreperla, mandò subito a chiamare i medici più famosi del vicinato.

E i medici arrivarono subito, uno dopo l'altro: arrivò, cioè, un Corvo, una Civetta e un Grillo-parlante.

– Vorrei sapere da lor signori – disse la Fata, rivolgendosi ai tre medici riuniti intorno al letto di Pinocchio – vorrei sapere da lor signori se questo disgraziato burattino sia vivo o morto!...

A quest'invito, il Corvo, facendosi avanti per il primo, tastò il polso a Pinocchio: poi gli tastò il naso, poi il dito mignolo dei piedi: e quand'ebbe tastato ben bene, pronunziò solennemente queste parole:

– A mio credere il burattino è bell'e morto: ma se per disgrazia non fosse morto, allora sarebbe indizio sicuro che è sempre vivo!

– Mi dispiace – disse la Civetta – di dover contraddire il Corvo, mio illustre amico e collega: per me, invece, il burattino è sempre vivo; ma se per disgrazia non fosse vivo, allora sarebbe segno che è morto davvero [5].

– E lei non dice nulla? – domandò la Fata al Grillo-parlante.

– Io dico che il medico prudente quando non sa quello che dice, la miglior cosa che possa fare, è quella di stare zitto. Del resto quel burattino lì non m'è fisonomia [6] nuova: io lo conosco da un pezzo!...

Pinocchio, che fin allora era stato immobile come un vero pezzo di legno, ebbe una specie di fremito convulso, che fece scuotere tutto il letto.

- Quel burattino lì – seguitò a dire il Grillo-parlante – è una birba matricolata...

Pinocchio aprì gli occhi e gli richiuse subito.

– È un monellaccio, uno svogliato, un vagabondo...

---

[5] Satira dei consulti dei medici: l'uno asserisce il contrario dell'altro, con sussiego e ostentazione.

[6] *fisonomia*: fisionomia.

Pinocchio si nascose la faccia sotto i lenzuoli.

– Quel burattino lì e un figliuolo disubbidiente, che farà morire di crepacuore il suo povero babbo!... A questo punto si sentì nella camera un suono soffocato di pianti e di singhiozzi. Figuratevi come rimasero tutti, allorché sollevati un poco i lenzuoli, si accorsero che quello che piangeva e singhiozzava era Pinocchio.

– Quando il morto piange, è segno che è in via di guarigione – disse solennemente il Corvo.

– Mi duole di contraddire il mio illustre amico e collega – soggiunse la Civetta – ma per me, quando il morto piange è segno che gli dispiace a morire.

XVII.

Pinocchio mangia lo zucchero, ma non vuol purgarsi:
però quando vede i becchini che vengono
a portarlo via, allora si purga.
Poi dice una bugia e per gastigo (*) *gli cresce il naso.*

Appena i tre medici furono usciti di camera, la Fata si accostò a Pinocchio, e, dopo averlo toccato sulla fronte, si accorse che era travagliato da un febbrone da non si dire.

Allora sciolse una certa polverina bianca in un mezzo bicchier d'acqua, e porgendolo al burattino, gli disse amorosamente:

– Bevila, e in pochi giorni sarai guarito.

Pinocchio guardò il bicchiere, storse un po' la bocca, e poi dimandò [1] con voce di piagnisteo:

– È dolce o amara?

– È amara, ma ti farà bene.

– Se è amara, non la voglio.

– Da' retta a me: bevila.

– A me l'amaro non mi piace.

– Bevila: e quando l'avrai bevuta, ti darò una pallina di zucchero, per rifarti la bocca.

– Dov'è la pallina di zucchero?

– Eccola qui – disse la Fata, tirandola fuori da una zuccheriera d'oro.

– Prima voglio la pallina di zucchero, e poi beverò [2] quell'acquaccia amara...

(*) *gastigo*: castigo.

[1] *dimandò*: domandò.

[2] *beverò* (forma piena) = berrò.

72

– Me lo prometti?

– Sì...

La Fata gli dette la pallina, e Pinocchio, dopo averla sgra-
nocchiata e ingoiata in un attimo, disse leccandosi i labbri [3]:

– Bella cosa se anche lo zucchero fosse una medicina!... Mi
purgherei tutti i giorni.

– Ora mantieni la promessa e bevi queste poche gocciole
d'acqua, che ti renderanno la salute.

Pinocchio prese di mala voglia il bicchiere in mano e vi ficcò
dentro la punta del naso: poi se l'accostò alla bocca: poi tornò
a ficcarci la punta del naso: finalmente disse:

– È troppo amara! Troppo amara! Io non la posso bere.

– Come fai a dirlo, se non l'hai nemmeno assaggiata?

– Me lo figuro! L'ho sentita all'odore. Voglio prima un'altra
pallina di zucchero... e poi la beverò!...

Allora la Fata, con tutta la pazienza di una buona mamma,
gli pose in bocca un altro po' di zucchero; e dopo gli presentò
daccapo il bicchiere.

– Così non la posso bere! - disse il burattino, facendo mille
smorfie.

– Perché?

– Perché mi dà noia quel guanciale che ho laggiù su i piedi.

La Fata gli levò il guanciale.

– È inutile! Nemmeno così la posso bere...

– Che cos' altro ti dà noia?

– Mi dà noia l'uscio di camera, che è mezzo aperto.

La Fata andò e chiuse l'uscio di camera.

– Insomma – gridò Pinocchio, dando in uno scoppio di pianto
– quest'acquaccia amara, non la voglio bere, no, no, no!...

– Ragazzo mio, te ne pentirai...

– Non me n'importa...

– La tua malattia è grave...

– Non me n'importa...

– La febbre ti porterà in poche ore all'altro mondo...

– Non me n'importa...

– Non hai paura della morte?

[3] *i labbri*: le labbra.

– Punto [4] paura!... Piuttosto morire, che bevere quella medicina cattiva.

A questo punto, la porta della camera si spalancò ed entrarono dentro quattro conigli neri come l'inchiostro, che portavano sulle spalle una piccola bara da morto.

– Che cosa volete da me? – gridò Pinocchio, rizzandosi tutto impaurito a sedere sul letto.

– Siamo venuti a prenderti – rispose il coniglio più grosso.

– A prendermi?... Ma io non sono ancora morto!...

– Ancora no: ma ti restano pochi minuti di vita, avendo tu ricusato [5] di bevere la medicina, che ti avrebbe guarito della febbre!...

– O Fata mia, o Fata mia – cominciò allora a strillare il burattino – datemi subito quel bicchiere... Spicciatevi, per carità, perché non voglio morire, no... non voglio morire...

E preso il bicchiere con tutte e due le mani, lo votò in un fiato.

– Pazienza! – dissero i conigli. – Per questa volta abbiamo fatto il viaggio a ufo [6]. – E tiratasi di nuovo la piccola bara sulle spalle, uscirono di camera bofonchiando e mormorando fra i denti.

Fatto sta che di lì a pochi minuti, Pinocchio saltò giù dal letto, bell'e guarito; perché bisogna sapere che i burattini di legno hanno il privilegio di ammalarsi di rado e di guarire prestissimo.

E la Fata, vedendolo correre e ruzzare per la camera, vispo e allegro come un gallettino di primo canto [7], gli disse:

– Dunque la mia medicina t'ha fatto bene davvero?

– Altro che bene! Mi ha rimesso al mondo!...

– E allora come mai ti sei fatto tanto pregare a beverla?

– Egli è che noi ragazzi siamo tutti così! Abbiamo più paura delle medicine che del male.

– Vergogna! I ragazzi dovrebbero sapere che un buon me-

---

[4] *Punto*: per nulla.

[5] *ricusato*: rifiutato.

[6] *a ufo*: a vuoto, inutilmente.

[7] Cfr. cap . XIII, nota 2.

dicamento preso a tempo può salvarli da una grave malattia e fors'anche dalla morte...

– Oh! ma un'altra volta non mi farò tanto pregare! Mi rammenterò di quei conigli neri, colla bara sulle spalle... e allora piglierò subito il bicchiere in mano, e giù... – Ora vieni un po' qui da me e raccontami come andò che ti trovasti fra le mani degli assassini.

– Gli [8] andò, che il burattinaio Mangiafoco mi dette alcune monete d'oro, e mi disse: «To', portale al tuo babbo!» e io, invece, per la strada trovai una Volpe e un Gatto, due persone molto per bene, che mi dissero: «Vuoi che codeste alcune monete diventino mille e due mila? Vieni con noi, e ti condurremo al Campo dei miracoli». E io dissi: «Andiamo»; e loro dissero: «Fermiamoci qui all'Osteria del Gambero rosso, e dopo la mezzanotte ripartiremo». E io, quando mi svegliai, loro non c'erano più, perché erano partiti. Allora io cominciai a camminare di notte, che era un buio che pareva impossibile, per cui trovai per la strada due assassini dentro due sacchi da carbone, che mi dissero: «Metti fuori i quattrini»; e io dissi: «Non ce n'ho»; perché le quattro monete d'oro me l'ero nascoste in bocca, e uno degli assassini si provò a mettermi le mani in bocca, e io con un morso gli staccai la mano e poi la sputai, ma invece di una mano sputai uno zampetto di gatto. E gli assassini a corrermi dietro, e io corri che ti corro, finché mi raggiunsero, e mi legarono per il collo a un albero di questo bosco, col dire: «Domani torneremo qui, e allora, sarai morto e colla bocca aperta, e così ti porteremo via le monete d'oro che hai nascoste sotto la lingua» [9].

– E ora le quattro monete dove le hai messe? – gli domandò la Fata.

– Le ho perdute! – rispose Pinocchio; ma disse una bugia, perché invece le aveva in tasca.

Appena detta la bugia, il suo naso, che era già lungo, gli crebbe subito due dita di più.

[8] *Gli*: il fatto.
[9] Riepilogo della vicenda narrata ai capp. XII-XV.

– E dove le hai perdute?

– Nel bosco qui vicino.

A questa seconda bugia il naso seguitò a crescere.

– Se le hai perdute nel bosco vicino – disse la Fata – le cercheremo e le ritroveremo: perché tutto quello che si perde nel vicino bosco, si ritrova sempre.

– Ah! ora che mi rammento bene – replicò il burattino, imbrogliandosi – le quattro monete non le ho perdute, ma senza avvedermene le ho inghiottite mentre bevevo la vostra medicina.

A questa terza bugia, il naso gli si allungò in un modo così straordinario, che il povero Pinocchio non poteva più girarsi da nessuna parte. Se si voltava di qui batteva il naso nel letto o nei vetri della finestra, se si voltava di là, lo batteva nelle pareti o nella porta di camera, se alzava un po' più il capo, correva il rischio di ficcarlo in un occhio alla Fata.

E la Fata lo guardava e rideva.

– Perché ridete? – gli domandò il burattino, tutto confuso e impensierito di quel suo naso che cresceva a occhiate [10].

– Rido della bugia che hai detto.

– Come mai sapete che ho detto una bugia?

– Le bugie, ragazzo mio, si riconoscono subito, perché ve ne sono di due specie: vi sono le bugie che hanno le gambe corte, e le bugie che hanno il naso lungo: la tua per l'appunto e di quelle che hanno il naso lungo.

Pinocchio, non sapendo più dove nascondersi per la vergogna, si provò a fuggire di camera; ma non gli riuscì.

Il suo naso era cresciuto tanto, che non passava più dalla porta.

---

[10] *a occhiate*: a vista d'occhio, rapidamente.

XVIII.

Pinocchio ritrova la Volpe e il Gatto, e va con loro a seminare le quattro monete nel Campo de' miracoli.

Come potete immaginarvelo, la Fata lasciò che il burattino piangesse e urlasse una buona mezz'ora, a motivo di quel suo naso che non passava più dalla porta di camera; e lo fece per dargli una severa lezione e perché si correggesse dal brutto vizio di dire le bugie, il più brutto vizio che possa avere un ragazzo. Ma quando lo vide trasfigurato e cogli occhi fuori della testa dalla gran disperazione, allora, mossa a pietà, batté le mani insieme, e a quel segnale entrarono in camera dalla finestra un migliaio di grossi uccelli chiamati Picchi, i quali, posatisi tutti sul naso di Pinocchio, cominciarono a beccarglielo tanto e poi tanto[1], che in pochi minuti quel naso enorme e spropositato si trovò ridotto alla sua grandezza naturale.

– Quanto siete buona, Fata mia – disse il burattino, asciugandosi gli occhi – e quanto bene vi voglio!

– Ti voglio bene anch'io – rispose la Fata – e se tu vuoi rimanere con me, tu sarai il mio fratellino e io la tua buona sorellina...

– Io resterei volentieri... ma il mio povero babbo?

– Ho pensato a tutto. Il tuo babbo è stato digià avvertito: e prima che faccia notte, sarà qui.

– Davvero? – gridò Pinocchio, saltando dall'allegrezza. Allora, Fatina mia, se vi contentate, vorrei andargli incontro! Non

---

[1] *tanto e poi tanto* (locuz. equivalente al superlativo, che indica il ripetersi dell'azione): fintanto che non fu accorciato.

vedo l'ora di poter dare un bacio a quel povero vecchio, che ha sofferto tanto per me!

– Vai pure, ma bada di non ti sperdere. Prendi la via del bosco, e sono sicura che lo incontrerai.

Pinocchio partì: e appena entrato nel bosco, cominciò a correre come un capriolo. Ma quando fu arrivato a un certo punto, quasi in faccia alla Quercia grande, si fermò, perché gli parve di aver sentito gente fra mezzo alle frasche. Difatti vide apparire sulla strada, indovinate chi? ..., la Volpe e il Gatto, ossia i due compagni di viaggio, coi quali aveva cenato all'osteria del Gambero rosso.

– Ecco il nostro caro Pinocchio! – gridò la Volpe, abbracciandolo e baciandolo – Come mai sei qui?

– Come mai sei qui? – ripeté il Gatto.

– È una storia lunga – disse il burattino – e ve la racconterò a comodo. Sappiate però che l'altra notte, quando mi avete lasciato solo sull'osteria [2], ho trovato gli assassini per la strada...

– Gli assassini?... O povero amico! E che cosa volevano?

– Mi volevano rubare le monete d'oro.

– Infami!. .. – disse la Volpe.

– Infamissimi! – ripeté il Gatto.

– Ma io cominciai a scappare – continuò a dire il burattino – e loro sempre dietro: finché mi raggiunsero e m'impiccarono a un ramo di quella quercia...

E Pinocchio accennò la Quercia grande, che era lì a due passi.

– Si può sentir di peggio? – disse la Volpe. – In che mondo siamo condannati a vivere? Dove troveremo un rifugio sicuro noi altri galantuomini?

Nel tempo che parlavano così, Pinocchio si accorse che il Gatto era zoppo dalla gamba destra davanti, perché gli mancava in fondo tutto lo zampetto cogli unghioli: per cui gli domandò:

– Che cosa hai fatto del tuo zampetto? [3]

Il Gatto voleva rispondere qualche cosa, ma s'imbrogliò.

---

[2] *sull'osteria*: all'osteria.
[3] Cfr. cap. XIV, p. 59.

Allora la Volpe disse subito:

– Il mio amico è troppo modesto, e per questo non risponde. Risponderò io per lui. Sappi dunque che un'ora fa abbiamo incontrato sulla strada un vecchio lupo, quasi svenuto dalla fame, che ci ha chiesto un po' d'elemosina. Non avendo noi da dargli nemmeno una lisca di pesce, che cosa ha fatto l'amico mio, che ha davvero un cuore di Cesare[4]? Si è staccato coi denti uno zampetto delle sue gambe davanti e l'ha gettato a quella povera bestia, perché potesse sdigiunarsi.

E la Volpe, nel dir così, si asciugò una lagrima.

Pinocchio, commosso anche lui, si avvicinò al Gatto, sussurrandogli negli orecchi:

– Se tutti i gatti ti somigliassero, fortunati i topi!...

– E ora che cosa fai in questi luoghi? – domandò la Volpe al burattino.

– Aspetto il mio babbo, che deve arrivare qui di momento in momento.

– E le tue monete d'oro?

– Le ho sempre in tasca, meno una che la spesi all'osteria del Gambero rosso.

– E pensare che, invece di quattro monete, potrebbero diventare domani mille e duemila! Perché non dài retta al mio consiglio? Perché non vai a seminarle nel Campo dei miracoli?

– Oggi è impossibile: vi anderò un altro giorno.

– Un altro giorno sarà tardi!... – disse la Volpe.

– Perché?

– Perché quel campo è stato comprato da un gran signore, e da domani in là [5] non sarà più permesso a nessuno di seminarvi i denari.

– Quant'è distante di qui il Campo dei miracoli?

– Due chilometri appena. Vuoi venire con noi? Fra mezz'ora sei là: semini subito le quattro monete: dopo pochi minuti ne raccogli duemila e stasera ritorni qui colle tasche piene. Vuoi venire con noi?

---

[4] *un cuore di Cesare* (ironico): magnanimo, come gli imperatori romani.
[5] *in là*: in futuro.

Pinocchio esitò un poco a rispondere, perché gli tornò in mente la buona Fata, il vecchio Geppetto e gli avvertimenti del Grillo-parlante; ma poi finì col fare come fanno tutti i ragazzi senza un fil di giudizio e senza cuore, finì, cioè, col dare una scrollatina di capo, e disse alla Volpe e al Gatto:

– Andiamo pure: io vengo con voi.

E partirono.

Dopo aver camminato una mezza giornata arrivarono a una città che aveva nome «Acchiappa-citrulli». Appena entrato in città, Pinocchio vide tutte le strade popolate di cani spelacchiati, che sbadigliavano dall'appetito, di pecore tosate che tremavano dal freddo, di galline rimaste senza cresta e senza bargigli, che chiedevano l'elemosina d'un chicco di granturco, di grosse farfalle, che non potevano più volare, perché avevano venduto le loro bèllissime ali colorite, di pavoni tutti scodati, che si vergognavano a farsi vedere, e di fagiani che zampettavano cheti cheti, rimpiangendo le loro scintillanti penne d'oro e d'argento, oramai perdute per sempre.

In mezzo a questa folla di accattoni e di poveri vergognosi passavano di tanto in tanto alcune carrozze signorili con dentro o qualche Volpe, o qualche Gazza ladra o qualche uccellaccio di rapina.

– È il Campo dei miracoli dov'è? – domandò Pinocchio.

– E qui a due passi.

Detto fatto traversarono la città e, usciti fuori dalle mura, si fermarono in un campo solitario che, su per giù, somigliava a tutti gli altri campi.

– Eccoci giunti – disse la Volpe al burattino. – Ora chìnati giù a terra, scava con le mani una piccola buca nel campo e mettici dentro le monete d'oro.

Pinocchio ubbidì. Scavò la buca, ci pose le quattro monete d'oro che gli erano rimaste: e dopo ricoprì la buca con un po' di terra.

– Ora poi, – disse la Volpe, – vai alla gora [6] qui vicina, prendi una secchia d'acqua e annaffia il terreno dove hai seminato.

[6] *gora*: pozza d'acqua.

Pinocchio andò alla gora, e perché non aveva lì per lì una secchia, si levò di piedi una ciabatta e, riempitala d'acqua, annaffiò la terra che copriva la buca. Poi domandò:

– C'è altro da fare?

– Nient'altro – rispose la Volpe. – Ora possiamo andar via. Tu poi ritorna qui fra una ventina di minuti e troverai l'arboscello già spuntato dal suolo e coi rami tutti carichi di monete.

Il povero burattino, fuori di sé dalla gran contentezza, ringraziò mille volte la Volpe e il Gatto, e promise loro un bellissimo regalo.

– Noi non vogliamo regali – risposero que' due malanni [7].

– A noi ci basta di averti insegnato il modo di arricchire senza durar fatica, e siamo contenti come pasque.

Ciò detto salutarono Pinocchio, e augurandogli una buona raccolta, se ne andarono per i fatti loro.

---

[7] *malanni*: malandrini.

XIX.

Pinocchio è derubato delle sue monete d'oro e, per gastigo,
si busca [1] quattro mesi di prigione.

Il burattino, ritornato in città, cominciò a contare i minuti
a uno a uno; e, quando gli parve che fosse l'ora, riprese subito
la strada che menava al Campo dei miracoli.

E mentre camminava con passo frettoloso, il cuore gli batteva forte e gli faceva *tic, tac, tic, tac*, come un orologio da sala,
quando corre davvero. E intanto pensava dentro di sé:

– E se invece di mille monete, ne trovassi su i rami dell'albero duemila?... E se invece di duemila, ne trovassi cinquemila?
E se invece di cinquemila ne trovassi centomila? Oh! che bel
signore, allora, che diventerei!... Vorrei avere un bel palazzo,
mille cavallini di legno e mille scuderie, per potermi baloccare,
una cantina di rosoli e di alchermes, e una libreria tutta piena
di canditi, di torte, di panattoni [2], di mandorlati e di cialdoni
colla panna.

Così fantasticando, giunse in vicinanza del campo, e lì si
fermò a guardare se per caso avesse potuto scorgere qualche
albero coi rami carichi di monete: ma non vide nulla. Fece altri
cento passi in avanti, e nulla: entrò sul campo... andò proprio
su quella piccola buca, dove aveva sotterrato i suoi zecchini, e
nulla. Allora diventò pensieroso e, dimenticando le regole del
Galateo e della buona creanza, tirò fuori una mano di tasca e
si dette una lunghissima grattatina di capo.

[1] *si busca*: subisce.
[2] *panattoni*: panettoni.

In quel mentre sentì fischiarsi negli orecchi una gran risata: e voltatosi in su, vide sopra un albero un grosso Pappagallo che si spollinava[3] le poche penne che aveva addosso.

– Perché ridi? – gli domandò Pinocchio con voce di bizza.

– Rido, perché nello spollinarmi mi son fatto il solletico sotto le ali.

Il burattino non rispose. Andò alla gora[4] e riempita d'acqua la solita ciabatta, si pose nuovamente ad annaffiare la terra che ricuopriva le monete d'oro.

Quand'ecco che un'altra risata, anche più impertinente della prima, si fece sentire nella solitudine silenziosa di quel campo.

– Insomma – gridò Pinocchio, arrabbiandosi – si può sapere, Pappagallo mal educato, di che cosa ridi?

– Rido di quei barbagianni, che credono a tutte le scioccherie e che si lasciano trappolare [5] da chi è più furbo di loro.

– Parli forse di me?

– Sì, parlo di te, povero Pinocchio, di te che sei così dolce di sale [6], da credere che i denari si possano seminare e raccogliere nei campi, come si seminano i fagioli e le zucche. Anch'io l'ho creduto una volta, e oggi ne porto le pene. Oggi (ma troppo tardi!) mi son dovuto persuadere che per mettere insieme onestamente pochi soldi bisogna saperseli guadagnare o col lavoro delle proprie mani o coll'ingegno della propria testa.

– Non ti capisco – disse il burattino, che già cominciava a tremare dalla paura.

– Pazienza! Mi spiegherò meglio – soggiunse il Pappagallo. – Sappi dunque che, mentre tu eri in città, la Volpe e il Gatto sono tornati in questo campo: hanno preso le monete d'oro sotterrate, e poi sono fuggiti come il vento. E ora chi li raggiunge, è bravo!

Pinocchio restò a bocca aperta, e non volendo credere alle parole del Pappagallo, cominciò colle mani e colle unghie a

---

[3] *si spollinava*: si ripuliva con il becco.
[4] *gora*: pozza.
[5] *trappolare*: intrappolare.
[6] *dolce di sale*: ingenuo.

scavare il terreno che aveva annaffiato. E scava, scava, scava, fece una buca così profonda, che ci sarebbe entrato per ritto un pagliaio: ma le monete non ci erano più.

Preso allora dalla disperazione, tornò di corsa in città e andò difilato in tribunale, per denunziare al giudice i due malandrini, che lo avevano derubato.

Il giudice era uno scimmione della razza dei Gorilla: un vecchio scimmione rispettabile per la sua grave età, per la sua barba bianca e specialmente per i suoi occhiali d'oro, senza vetri [7], che era costretto a portare continuamente, a motivo di una flussione [8] d'occhi, che lo tormentava da parecchi anni.

Pinocchio, alla presenza del giudice, raccontò per filo e per segno l'iniqua frode, di cui era stato vittima; dette il nome il cognome e i connotati dei malandrini, e finì col chiedere giustizia.

Il giudice lo ascoltò con molta benignità: prese vivissima parte al racconto: s'intenerì, si commosse: e quando il burattino non ebbe più nulla da dire, allungò la mano e suonò il campanello.

A quella scampanellata comparvero subito due can mastini vestiti da giandarmi.

Allora il giudice, accennando Pinocchio ai giandarmi, disse loro:

– Quel povero diavolo è stato derubato di quattro monete d'oro: pigliatelo dunque e mettetelo subito in prigione.

Il burattino, sentendosi dare questa sentenza fra capo e collo [9], rimase di princisbecco [10] e voleva protestare: ma i giandarmi, a scanso di perditempi inutili, gli tapparono la bocca e lo condussero in gattabuia.

E lì v'ebbe a rimanere quattro mesi: quattro lunghissimi mesi: e vi sarebbe rimasto anche di più, se non si fosse dato un caso fortunatissimo. Perché bisogna sapere che il giovane Imperatore che regnava nella città di Acchiappa-citrulli, avendo

[7] *senza vetri*: si noti bene il paticolare!
[8] *flussione*: disturbo della vista.
[9] *fra capo e collo*: come una bastonata repentina.
[10] *di princisbecco*: di stucco, sbalordito.

riportato una gran vittoria contro i suoi nemici, ordinò grandi feste pubbliche, luminarie, fuochi artificiali, corse di barberi e di velocipedi, e in segno di maggiore esultanza, volle che fossero aperte anche le carceri e mandati fuori tutti i malandrini.

– Se escono di prigione gli altri, voglio uscire anch'io, disse Pinocchio al carceriere.

– Voi no, – rispose il carceriere, – perché voi non siete del bel numero...

– Domando scusa, – replicò Pinocchio, – sono un malandrino anch'io.

– In questo caso avete mille ragioni – disse il carceriere; e levandosi il berretto rispettosamente e salutandolo, gli aprì le porte della prigione e lo lasciò scappare.

XX.

Liberato dalla prigione, si avvia per tornare
a casa della Fata;
ma lungo la strada trova un serpente orribile,
e poi rimane preso alla tagliuola.

Figuratevi l'allegrezza di Pinocchio, quando si sentì libero. Senza stare a dire che è e che non è [1], uscì subito fuori della città e riprese la strada, che doveva ricondurlo alla Casina della Fata.

A motivo del tempo piovigginoso, la strada era diventata tutta un pantano e ci si andava fino a mezza gamba. Ma il burattino non se ne dava per inteso [2]. Tormentato dalla passione di rivedere il suo babbo e la sua sorellina dai capelli turchini, correva a salti come un can levriero, e nel correre le pillacchere [3] gli schizzavano fin sopra il berretto.

Intanto andava dicendo fra sé e sé: – Quante disgrazie mi sono accadute... E me le merito! Perché io sono un burattino testardo e piccoso... e voglio far sempre tutte le cose a modo mio, senza dar retta a quelli che mi voglion bene e che hanno mille volte più giudizio di me!... Ma da questa volta in là, faccio proponimento di cambiar vita e di diventare un ragazzo ammodo e ubbidiente... Tanto ormai ho bell'e visto che i ragazzi, a essere disubbidienti, ci scàpitano [4] sempre e non ne infilano mai una per il su' verso [5]. E il mio babbo mi avrà aspettato?...

---

[1] *che è e che non è*: senza dire nulla.
[2] *per inteso*: per vinto.
[3] *pillacchere*: schizzi di fango.
[4] *ci scàpitano*: si compromettono.
[5] *il su'* (= *suo*) *verso*: il verso giusto, cioè in maniera appropriata.

Ce lo troverò a casa della Fata? È tanto tempo, pover'uomo, che non lo vedo più, che mi struggo di fargli mille carezze e di finirlo dai baci! [6] E la Fata mi perdonerà la brutta azione che le ho fatta? ... E pensare che ho ricevuto da lei tante attenzioni e tante cure amorose... e pensare che se oggi son sempre vivo, lo debbo a lei!... Ma si può dare un ragazzo più ingrato e più senza cuore di me?...

Nel tempo che diceva così, si fermò tutt'a un tratto spaventato e fece quattro passi indietro.

Che cosa aveva veduto?...

Aveva veduto un grosso serpente, disteso attraverso alla strada, che aveva la pelle verde, gli occhi di fuoco e la coda appuntata [7], che gli fumava come una cappa di camino.

Impossibile immaginarsi la paura del burattino: il quale, allontanatosi più di mezzo chilometro, si mise a sedere sopra un monticello di sassi, aspettando che il serpente se ne andasse una buona volta per i fatti suoi e lasciasse libero il passo della strada.

Aspettò un'ora, due ore, tre ore: ma il serpente era sempre là, e, anche di lontano, si vedeva il rosseggiare de' suoi occhi di fuoco e la colonna di fumo che gli usciva dalla punta della coda.

Allora Pinocchio, figurandosi di aver coraggio, si avvicinò a pochi passi di distanza, e facendo una vocina dolce, insinuante e sottile, disse al serpente:

– Scusi, signor serpente, che mi farebbe il piacere di tirarsi un pochino da una parte, tanto da lasciarmi passare?

Fu lo stesso che dire al muro [8]. Nessuno si mosse.

Allora riprese colla solita vocina:

– Deve sapere, signor serpente, che io vado a casa, dove c'è il mio babbo che mi aspetta e che è tanto tempo che non lo vedo più!... Si contenta dunque ché io seguiti [9] per la mia strada?

---

[6] *finirlo dai baci* (iperbole, sul tipo di «mi struggo»): dargli tanti baci.

[7] *appuntata* (= appuntita): aguzza all'estremità.

[8] *dire al muro* (equivalente: «parlare al m.»): indica un'azione inutile.

[9] *séguiti*: prosegua.

Aspettò un segno di risposta a quella dimanda [10]: ma la risposta non venne: anzi il serpente, che fin allora pareva arzillo e pieno di vita, diventò immobile e quasi irrigidito. Gli occhi gli si chiusero e la coda gli smesse di fumare.

– Che sia morto davvero?... – disse Pinocchio, dandosi una fregatina di mani dalla gran contentezza: e senza mettere tempo in mezzo, fece l'atto di scavalcarlo, per passare dall'altra parte della strada. Ma non aveva ancora finito di alzare la gamba, che il serpente si rizzò all'improvviso, come una molla scattata: e il burattino, nel tirarsi indietro spaventato, inciampò e cadde per terra.

E per l'appunto cadde così male, che restò col capo conficcato nel fango della strada e con le gambe ritte su in aria.

Alla vista di quel burattino, che sgambettava a capo fitto con una velocità incredibile, il serpente fu preso da una tal convulsione di risa, che ridi, ridi, ridi, alla fine, dallo sforzo del troppo ridere, gli si strappò una vena sul petto: e quella volta morì davvero [11].

Allora Pinocchio ricominciò a correre per arrivare a casa della Fata avanti che si facesse buio. Ma lungo la strada non potendo più reggere ai morsi terribili della fame, saltò in un campo coll'intenzione di cogliere poche ciocche [12] d'uva moscatella.

Non l'avesse mai fatto!

Appena giunto sotto la vite, *crac...* sentì stringersi le gambe da due ferri taglienti, che gli fecero vedere quante stelle c'erano in cielo.

Il povero burattino era rimasto preso a una tagliuola appostata là da alcuni contadini per beccarvi [13] alcune grosse faine, che erano il flagello di tutti i pollai del vicinato.

---

[10] *dimanda*: domanda.

[11] Facile è stato, da parte dei critici, ravvisare in questo episodio il modello letterario di Margutte, che nel popolare poema il Morgante di Luigi Pulci subisce la medesima morte.

[12] *ciocche*: grappoli.

[13] *beccarvi*: catturarvi.

XXI.

Pinocchio è preso da un contadino, il quale lo costringe
a far da can di guardia a un pollaio.

Pinocchio, come potete figurarvelo, si dette [1] a piangere, a strillare, a raccomandarsi: ma erano pianti e grida inutili, perché lì all'intorno non si vedevano case e dalla strada non passava anima viva.

Intanto si fece notte.

Un po' per lo spasimo della tagliuola, che gli segava gli stinchi, e un po' per la paura di trovarsi solo e al buio in mezzo a quei campi, il burattino principiava quasi a svenirsi [2]; quando a un tratto, vedendosi passare una lucciola di sul capo, la chiamò e le disse:

– O lucciolina, mi faresti la carità di liberarmi da questo supplizio?...

– Povero figliuolo! – replicò la lucciola, fermandosi impietosita a guardarlo. – Come mai sei rimasto colle gambe attanagliate fra codesti ferri arrotati?

– Sono entrato nel campo per cogliere due grappoli di quest'uva moscadella, e...

– Ma l'uva era tua?

– No...

– E allora chi t'ha insegnato a portar via la roba degli altri? ...

– Avevo fame...

---

[1] *si dette*: si mise.
[2] *svenirsi* (-*si* riflessivo) = *svenire*.

– La fame, ragazzo mio, non è una buona ragione per potere appropriarsi la roba che non è nostra...

– È vero, è vero! – gridò Pinocchio piangendo – Ma un'altra volta non lo farò più.

A questo punto il dialogo fu interrotto da un piccolissimo rumore di passi, che si avvicinavano. Era il padrone del campo che veniva in punta di piedi a vedere se qualcuna di quelle faine, che gli mangiavano di nottetempo i polli, fosse rimasta presa al trabocchetto della tagliuola.

E la sua maraviglia fu grandissima quando, tirata fuori la lanterna di sotto al pastrano, s'accorse che, invece di una faina, c'era rimasto preso un ragazzo.

– Ah! Ladracchiolo! – disse il contadino incollerito – Dunque sei tu che mi porti via le galline?

– Io no, io no! – gridò Pinocchio, singhiozzando. – Io son entrato nel campo per prendere soltanto due grappoli d'uva!...

– Chi ruba l'uva è capacissimo di rubare anche i polli. Lascia fare a me che ti darò una lezione da ricordartene per un pezzo.

E aperta la tagliuola, afferrò il burattino per la collottola e lo portò di peso fino a casa, come si porterebbe un agnellino di latte.

Arrivato che fu sull'aia dinanzi alla casa, lo scaraventò in terra: e tenendogli un piede sul collo, gli disse:

– Oramai è tardi e voglio andare a letto. I nostri conti li aggiusteremo domani. Intanto, siccome oggi mi è morto il cane che mi faceva la guardia di notte, tu prenderai subito il suo posto. Tu mi farai da cane di guardia.

Detto fatto, gl'infilò al collo un grosso collare tutto coperto di spunzoni di ottone, e glielo strinse in modo da non poterselo levare passandoci la testa di dentro. Al collare c'era attaccata una lunga catenella di ferro: e la catenella era fissata nel muro.

– Se questa notte – disse il contadino – cominciasse a piovere, tu puoi andare a cuccia in quel casotto di legno, dove c'è sempre la paglia che ha servito di letto per quattr'anni al mio povero cane. E se per disgrazia venissero i ladri, ricordati di stare a orecchi ritti e di abbaiare.

Dopo quest'ultimo avvertimento, il contadino entrò in casa

chiudendo la porta con tanto di catenaccio: e il povero Pinocchio rimase accovacciato sull'aia, più morto che vivo, a motivo del freddo, della fame e della paura. E di tanto in tanto, cacciandosi rabbiosamente le mani dentro al collare, che gli serrava la gola, diceva piangendo:

— Mi sta bene!... Pur troppo mi sta bene! Ho voluto fare lo svogliato, il vagabondo... ho voluto dar retta ai cattivi compagni, e per questo la fortuna mi perseguita sempre. Se fossi stato un ragazzino per bene, come ce n'è [3] tanti; se avessi avuto voglia di studiare e di lavorare, se fossi rimasto in casa col mio povero babbo, a quest'ora non mi troverei qui, in mezzo ai campi, a fare il cane di guardia alla casa di un contadino. Oh! se potessi rinascere un'altra volta!... Ma oramai è tardi, e ci vuol pazienza!

Fatto questo piccolo sfogo, che gli venne proprio dal cuore, entrò dentro il casotto e si addormentò.

[3] *ce n'è* (concordato a senso) = *ce ne sono.*

XXII.

*Pinocchio scuopre i ladri e in ricompensa
di essere stato fedele, vien posto in libertà.*

Ed era già più di due ore che dormiva saporitamente, quando verso la mezzanotte fu svegliato da un bisbiglio e da un pissi-pissi [1] di vocine strane, che gli parve di sentire nell'aia. Messa fuori la punta del naso dalla buca del casotto, vide riunite a consiglio quattro bestiuole di pelame scuro, che parevano gatti. Ma non erano gatti: erano faine, animaletti carnivori, ghiottissimi specialmente d'uova e di pollastrine giovani. Una di queste faine, staccandosi dalle sue compagne, andò alla buca del casotto e disse sottovoce:

– Buona sera, Melampo.

– Io non mi chiamo Melampo – rispose il burattino.

– O dunque chi sei?

– Io sono Pinocchio.

– E che cosa fai costì?

– Faccio il cane di guardia.

– O Melampo dov'è? Dov'è il vecchio cane, che stava in questo casotto?

– È morto questa mattina.

– Morto? Povera bestia! Era tanto buono!... Ma giudicandoti alla fisonomia, anche te mi sembri un cane di garbo.

– Domando scusa, io non sono un cane!...

– O chi sei?

---

[1] *pissi-pissi*: onomatopeico, dell'uso infantile, a significare appunto i bisbigli.

– Io sono un burattino.

– E fai da cane di guardia?

– Pur troppo: per mia punizione!...

– Ebbene, io ti propongo gli stessi patti, che avevo col defunto Melampo: e sarai contento.

– E questi patti sarebbero?

– Noi verremo una volta la settimana, come per il passato, a visitare di notte questo pollaio, e porteremo via otto galline. Di queste galline, sette le mangeremo noi, e una la daremo a te, a condizione, s'intende bene, che tu faccia finta di dormire e non ti venga mai l'estro [2] di abbaiare e di svegliare il contadino.

– E Melampo faceva proprio così? – domandò Pinocchio.

– Faceva così, e fra noi e lui, siamo andati sempre d'accordo. Dormi dunque tranquillamente, e stai sicuro che prima di partire di qui, ti lasceremo sul casotto una gallina bell'e pelata per la colazione di domani. Ci siamo intesi bene?

– Anche troppo bene!... – rispose Pinocchio: e tentennò il capo in un certo modo minaccioso, come se avesse voluto dire:

– Fra poco ci riparleremo!

Quando le quattro faine si credettero sicure del fatto loro, andarono difilato al pollaio, che rimaneva appunto vicinissimo al casotto del cane; e aperta a furia di denti e di unghioli la porticina di legno, che ne chiudeva l'entratina, vi sgusciarono dentro, una dopo l'altra. Ma non erano ancora finite d'entrare, che sentirono la porticina richiudersi con grandissima violenza.

Quello che l'aveva richiusa era Pinocchio; il quale, non contento di averla richiusa, vi posò davanti per maggior sicurezza una grossa pietra, a guisa di puntello.

E poi cominciò ad abbaiare: e, abbaiando proprio come se fosse un cane di guardia, faceva colla voce *bu-bu-bu-bu*.

A quell'abbaiata, il contadino saltò il letto, e preso il fucile e affacciatosi alla finestra, domandò:

– Che c'è di nuovo?

[2] *l'estro*: l'idea strana.

– Ci sono i ladri! – rispose Pinocchio.

– Dove sono?

– Nel pollaio.

– Ora scendo subito.

E difatti, in men che si dice *amen* [3], il contadino scese: entrò di corsa nel pollaio, e dopo avere acchiappate e rinchiuse in un sacco le quattro faine, disse loro con accento di vera contentezza:

– Alla fine siete cascate nelle mie mani! Potrei punirvi, ma sì vil non sono! [4] Mi contenterò, invece, di portarvi domani all'oste del vicino paese, il quale vi spellerà e vi cucinerà a uso lepre dolce e forte. È un onore che non vi meritate, ma gli uomini generosi, come me, non badano a queste piccolezze!...

Quindi, avvicinatosi a Pinocchio, cominciò a fargli molte carezze, e, fra le altre cose, gli domandò:

– Com'hai fatto a scuoprire il complotto di queste quattro ladroncelle? E dire che Melampo, il mio fido Melampo, non s'era mai accorto di nulla!...

Il burattino, allora, avrebbe potuto raccontare quel che sapeva: avrebbe potuto, cioè, raccontare i patti vergognosi che passavano fra il cane e le faine: ma ricordatosi che il cane era morto, pensò subito dentro di sé: – A che serve accusare i morti?... I morti son morti, e la miglior cosa che si possa fare è quella di lasciarli in pace!...

– All'arrivo delle faine sull'aia, eri sveglio o dormivi? – continuò a chiedergli il contadino.

---

[3] L'espressione (equivalente alla più sintetica «in un *amen*», o a quella «in men che non si dica») significa la rapidità dell'azione.

[4] È «la battuta più melodrammatica di tutte le *Avventure*», e ricalca «un verso di Giovanni Fantoni, dalla poesia, in saffiche settecentesche, *Ad alcun critici:* "Potrei punirvi, ma sì vil non sono: /spezzo l'ultrice licambèa saetta./ Degni non siete della mai vendetta.../ Io vi perdono". Chi sa quanto si sarà divertito il Collodi a leggere questi versi. E che non ci sia, nel citare il verso (messo in bocca a un contadino che si rivolge a delle faine), un'ironia impertinente in direzione della poesia laureata, della cultura alta, magari accademica?» (Gianni A. Papini, *Realtà e / o fantasia. Due note per Pinocchio,* in "Versants. Revue Suisse des Litteratures", 7, 1985, p. 107).

– Dormivo – rispose Pinocchio – ma le faine mi hanno svegliato coi loro chiacchiericci, e una è venuta fin qui al casotto per dirmi: «Se prometti di non abbaiare e di non svegliare il padrone, noi ti regaleremo una pollastra bell'e pelata!...» Capite, eh? Avere la sfacciataggine di fare a me una simile proposta! Perché bisogna sapere che io sono un burattino, che avrò tutti i difetti di questo mondo: ma non avrò mai quello di star di balla e di reggere il sacco alla gente disonesta!

– Bravo ragazzo! – gridò il contadino, battendogli sur una spalla. – Cotesti sentimenti ti fanno onore: e per provarti la mia grande soddisfazione, ti lascio libero fin d'ora di tornare a casa.

E gli levò il collare da cane.

XXIII.

Pinocchio piange la morte della bella Bambina
dai capelli turchini: poi trova un Colombo,
che lo porta sulla riva del mare, e lì si getta nell'acqua
per andare in aiuto del suo babbo Geppetto.

Appena Pinocchio non sentì più il peso durissimo e umiliante di quel collare intorno al collo, si pose a scappare attraverso ai campi, e non si fermò un solo minuto, finché non ebbe raggiunta la strada maestra [1] che doveva ricondurlo alla casina della Fata.

Arrivato sulla strada maestra, si voltò in giù a guardare nella sottoposta pianura, e vide benissimo a occhio nudo il bosco, dove disgraziatamente aveva incontrato la Volpe e il Gatto: vide, fra mezzo agli alberi, inalzarsi la cima di quella Quercia grande, alla quale era stato appeso ciondoloni per il collo: ma, guarda di qui guarda di là, non gli fu possibile di vedere la piccola casa della bella bambina dai capelli turchini.

Allora ebbe una specie di tristo presentimento e datosi a correre con quanta forza gli rimaneva nelle gambe, si trovò in pochi minuti sul prato, dove sorgeva una volta la Casina bianca. Ma la Casina bianca non c'era più. C'era, invece, una piccola pietra di marmo sulla quale si leggevano in carattere stampatello queste dolorose parole:

---

[1] *maestra:* principale.

QUI GIACE
LA BAMBINA DAI CAPELLI TURCHINI
MORTA DI DOLORE
PER ESSERE STATA ABBANDONATA DAL SUO
FRATELLINO PINOCCHIO.

Come rimanesse il burattino, quand'ebbe compitate alla meno peggio [2] quelle parole, lo lascio pensare a voi. Cadde bocconi [3] a terra e coprendo di mille baci quel marmo mortuario, dette in un grande scoppio di pianto. Pianse tutta la notte, e la mattina dopo, sul far del giorno, piangeva sempre, sebbene negli occhi non avesse più lacrime: e le sue grida e i suoi lamenti erano così strazianti e acuti, che tutte le colline all'intorno ne ripetevano l'eco.

E piangendo diceva:

– O Fatina mia, perché sei morta?... perché, invece di te, non sono morto io, che sono tanto cattivo, mentre tu eri tanto buona?... E il mio babbo, dove sarà? O Fatina mia, dimmi dove posso trovarlo, che voglio stare sempre con lui, e non lasciarlo più! più! più!... O Fatina mia, dimmi che non è vero che sei morta!... Se davvero mi vuoi bene... se vuoi bene al tuo fratellino, rivivisci [4]... ritorna viva come prima!... Non ti dispiace a vedermi solo e abbandonato da tutti?... Se arrivano gli assassini, mi attaccheranno daccapo al ramo dell'albero... e allora morirò per sempre. Che vuoi che io faccia qui, solo in questo mondo? Ora che ho perduto te e il mio babbo, chi mi darà da mangiare? Dove anderò a dormire la notte? Chi mi farà la giacchettina nuova? Oh! sarebbe meglio, cento volte meglio che morissi anch'io! Sì, voglio morire!... ih! ih! ih!...

E mentre si disperava a questo modo, fece l'atto di volersi strappare i capelli: ma i suoi capelli, essendo di legno, non poté nemmeno levarsi il gusto di ficcarci dentro le dita [5].

---

[2] *compitate alla meno peggio*: sillabate, in maniera stentata.

[3] *bocconi* (avv.): con la faccia in avanti.

[4] *rivivisci* (latinismo): il significato è precisato sùbito dopo da «ritorna viva come prima».

[5] *i suoi capelli... le dita*: «si noti l'anacoluto, normale nel parlato, e quindi

Intanto passò su per aria un grosso Colombo, il quale soffermatosi, a ali distese, gli gridò da una grande altezza:

– Dimmi, bambino, che cosa fai costaggiù? [6]

– Non lo vedi? Piango! – disse Pinocchio alzando il capo verso quella voce e strofinandosi gli occhi colla manica della giacchetta.

– Dimmi – soggiunse allora il Colombo – non conosci per caso fra i tuoi compagni, un burattino, che ha nome Pinocchio?

– Pinocchio?... Hai detto Pinocchio? – ripeté il burattino saltando subito in piedi. – Pinocchio sono io!

Il Colombo, a questa risposta, si calò velocemente e venne a posarsi a terra. Era più grosso di un tacchino.

– Conoscerai dunque anche Geppetto? – domandò al burattino.

– Se lo conosco! È il mio povero babbo! Ti ha forse parlato di me? Mi conduci da lui? Ma è sempre vivo? Rispondimi per carità; è sempre vivo?

– L'ho lasciato tre giorni fa sulla spiaggia del mare.

– Che cosa faceva?

– Si fabbricava da sé una piccola barchetta per traversare l'Oceano. Quel pover'uomo sono più di quattro mesi che gira per il mondo in cerca di te: e non avendoti potuto mai trovare, ora si è messo in capo di cercarti nei paesi lontani del nuovo mondo [7].

– Quanto c'è di qui alla spiaggia? – domandò Pinocchio con ansia affannosa.

– Più di mille chilometri.

– Mille chilometri? O Colombo mio, che bella cosa potessi avere le tue ali! [8]...

– Se vuoi venire, ti ci porto io.

---

anche nel racconto orale, per cui la principale inizia con un "falso" soggetto (*i suoi capelli*), seguìto da un altro, quello "vero" (*Pinocchio*, sottinteso), da cui dipende sintatticamente tutto l'enunciato» (Porta).

[6] *costaggiù* (incremento dell'avv. *costà*): proprio laggiù.

[7] «Velata allusione al fenomeno [...] dell'emigrazione italiana di fine Ottocento?" (Porta).

[8] *potessi avere le tue ali*: rammenta il motivo di un noto canto popolare,

– Come?

– A cavallo sulla mia groppa. Sei peso dimolto? [9]

– Peso? Tutt'altro! Son leggiero come una foglia.

E lì, senza stare a dir altro, Pinocchio saltò sulla groppa al Colombo e messa una gamba di qui e l'altra di là, come fanno i cavallerizzi, gridò tutto contento: – Galoppa, galoppa, cavallino, che mi preme di arrivar presto!...

Il Colombo prese l'aìre [10] e in pochi minuti arrivò col volo tanto in alto, che toccava quasi le nuvole. Giunto a quell'altezza straordinaria, il burattino ebbe la curiosità di voltarsi in giù a guardare: e fu preso da tanta paura e da tali giracapi[11] che, per evitare il pericolo di venir di sotto, si avviticchiò colle braccia, stretto stretto, al collo della sua piumata cavalcatura.

Volarono tutto il giorno. Sul far della sera, il Colombo disse:

– Ho una gran sete!

– E io una gran fame! – soggiunse Pinocchio.

– Fermiamoci a questa colombaia pochi minuti; e dopo ci rimetteremo in viaggio, per essere domattina all'alba sulla spiaggia del mare.

Entrarono in una colombaia deserta, dove c'era soltanto una catinella piena d'acqua e un cestino ricolmo di vecce [12].

Il burattino, in tempo di vita sua, non aveva mai potuto patire le veccie: a sentir lui, gli facevano nausea, gli rivoltavano lo stomaco: ma quella sera ne mangiò a strippapelle [13], e quando l'ebbe quasi finite, si voltò al Colombo e gli disse:

– Non avrei mai creduto che le veccie fossero così buone!

il cui inizio nella versione toscana suona così: «Colomba che nel poggio sei volata, /Colomba che nel sasso hai fatto il nido , /dammi una penna della tua bell'ala...» (cit . in G.B. Bronzini,*Valori e forme della poesia popolare italiana*, Edizioni dell'Ateneo, Roma 1986, p. 108).

[9] *peso dimolto*: molto pesante.

[10] *prese l'aìre*: spiccò il volo.

[11] *giracapi*: capogiri.

[12] *vecce*: piante erbacee.

[13] *a strippapelle*: tanto, da non paterne mangiare di più.

– Bisogna persuadersi, ragazzo mio, – replicò il Colombo, – che quando la fame dice davvero [14] e non c'è altro da mangiare, anche le vecce diventano squisite! La fame non ha capricci né ghiottonerie! Fatto alla svelta un piccolo spuntino, si riposero in viaggio, e via! La mattina dopo arrivarono sulla spiaggia del mare.

Il Colombo posò a terra Pinocchio, e non volendo nemmeno la seccatura di sentirsi ringraziare per aver fatto una buona azione, riprese subito il volo e sparì.

La spiaggia era piena di gente che urlava e gesticolava guardando verso il mare.

– Che cos'è accaduto? – domandò Pinocchio a una vecchina.

– Gli è accaduto che un povero babbo, avendo perduto il figliuolo, gli è voluto entrare in una barchetta per andare a cercarlo di là dal mare; e il mare oggi è molto cattivo e la barchetta sta per andare sott'acqua...

– Dov'è la barchetta?

– Eccola laggiù, diritta al mio dito – disse la vecchia, accennando una piccola barca che, veduta in quella distanza, pareva un guscio di noce con dentro un omino piccino piccino.

Pinocchio appuntò gli occhi da quella parte, e dopo aver guardato attentamente, cacciò un urlo acutissimo gridando:

– Gli è il mi' babbo! Gli è il mi' babbo! [15]

Intanto la barchetta, sbattuta dall'infuriare dell'onde, ora spariva fra i grossi cavalloni, ora tornava a galleggiare: e Pinocchio ritto sulla punta di un alto scoglio non finiva più dal chiamare il suo babbo per nome e dal fargli molti segnali colle mani e col moccichino [16] da naso e perfino col berretto che aveva in capo.

E parve che Geppetto, sebbene fosse molto lontano dalla spiaggia, riconoscesse il figliuolo, perché si levò il berretto anche lui e lo salutò e, a furia di gesti, gli fece capire che sarebbe tornato volentieri indietro, ma il mare era tanto grosso, che

---

[14] *dice davvero*: si fa sentire.

[15] «Pinocchio parla ormai come un vero e proprio popolano fiorentino!» (Porta).

[16] *moccichino*: fazzoletto.

gl'impediva di lavorare col remo e di potersi avvicinare alla terra.

Tutt'a un tratto venne una terribile ondata, e la barca sparì. Aspettarono che la barca tornasse a galla: ma la barca non si vide più tornare.

– Pover'omo – dissero allora i pescatori, che erano raccolti sulla spiaggia: e brontolando sottovoce una preghiera si mossero

per tornarsene alle loro case.

Quand'ecco che udirono un urlo disperato, e voltandosi indietro, videro un ragazzetto che, di vetta a uno scoglio, si gettava in mare gridando:

– Voglio salvare il mio babbo!

Pinocchio, essendo tutto di legno, galleggiava facilmente e nuotava come un pesce. Ora si vedeva sparire sott'acqua, portato dall'impeto dei flutti, ora riappariva fuori con una gamba o con un braccio, a grandissima distanza dalla terra. Alla fine lo persero d'occhio e non lo videro più.

– Povero ragazzo! – dissero allora i pescatori, che erano raccolti sulla spiaggia, e brontolando sottovoce una preghiera tornarono alle loro case.

XXIV.

Pinocchio arriva all'isola delle «Api industriose»
e ritrova la Fata.

Pinocchio, animato dalla speranza di arrivare in tempo a dare aiuto al suo povero babbo, nuotò tutta quanta la notte.

E che orribile nottata fu quella! Diluviò, grandinò, tuonò spaventosamente e con certi lampi, che pareva di giorno.

Sul far del mattino, gli riuscì di vedere poco distante una lunga striscia di terra. Era un'isola in mezzo al mare.

Allora fece di tutto per arrivare a quella spiaggia: ma inutilmente. Le onde, rincorrendosi e accavallandosi se lo abballottavano [1] fra di loro, come se fosse stato un fuscello o un filo di paglia. Alla fine, e per sua buona fortuna, venne un'ondata tanto prepotente e impetuosa, che lo scaraventò di peso sulla rena del lido.

Il colpo fu così forte che, battendo in terra, gli crocchiarono tutte le costole e tutte le congiunture [2]: ma si consolò subito col dire:

– Anche per questa volta l'ho scampata bella!

Intanto a poco a poco il cielo si rasserenò; il sole apparve fuori in tutto il suo splendore e il mare diventò tranquillissimo e buono come un olio [3].

Allora il burattino distese i suoi panni al sole per rasciulgarli

---

[1] *abballottavano = sballotavano*: sbattevano qua e là.

[2] *le costole* «non possono riferirsi al futuro "ragazzo come tutti gli altri"», mentre *le congiunture*, le articolazioni, «appartengono ambiguamente anche al burattino» (Porta).

[3] *buono come un olio*: liscio, senza onde.

e si pose a guardare di qua e di là se per caso avesse potuto scorgere su quella immensa spianata d'acqua una piccola barchetta con un omino dentro. Ma dopo aver guardato ben bene, non vide altro dinanzi a sé che cielo, mare e qualche vela di bastimento, ma così lontana lontana, che pareva una mosca.

– Sapessi almeno come si chiama quest'isola! – andava dicendo. – Sapessi almeno se quest'isola è abitata da gente di garbo, voglio dire da gente che non abbia il vizio di attaccare i ragazzi ai rami degli alberi; ma a chi mai posso domandarlo? A chi, se non c'è nessuno?...

Quest'idea di trovarsi solo, solo, solo in mezzo a quel gran paese disabitato, gli messe addosso tanta malinconia, che stava lì lì per piangere; quando tutt'a un tratto vide passare, a poca distanza dalla riva, un grosso pesce, che se ne andava tranquillamente per i fatti suoi, con tutta la testa fuori dell'acqua.

Non sapendo come chiamarlo per nome, il burattino gli gridò a voce alta, per farsi sentire:

– Ehi, signor pesce, che mi permetterebbe una parola?

– Anche due – rispose il pesce, il quale era un delfino così garbato, come se ne trovano pochi in tutti i mari del mondo.

– Mi farebbe il piacere di dirmi se in quest'isola vi sono dei paesi [4] dove si possa mangiare, senza pericolo d'esser mangiati?

– Ve ne sono sicuro – rispose il delfino. – Anzi, ne troverai uno poco lontano di qui.

– E che strada si fa per andarvi?

– Devi prendere quella viottola là, a mancina [5], e camminare sempre diritto al naso [6]. Non puoi sbagliare.

– Mi dica un'altra cosa. Lei che passeggia tutto il giorno e tutta la notte per il mare, non avrebbe incontrato per caso una piccola barchettina [7] con dentro il mi' babbo?

[4] *paesi*: posti, luoghi.
[5] *a mancina* (opposto: *a dritta*): a sinistra.
[6] *diritto al naso*: diritto davanti a te.
[7] *piccola barchettina*: colloquiale rafforzamento del diminutivo.

– E chi è il tuo babbo?

– Gli è il babbo più buono del mondo, come io sono il figliuolo più cattivo che si possa dare.

– Colla burrasca che ha fatto questa notte – rispose il delfino – la barchettina sarà andata sott'acqua.

– E il mio babbo?

– A quest'ora l'avrà inghiottito il terribile pesce-cane, che da qualche giorno è venuto a spargere lo sterminio e la desolazione nelle nostre acque.

– Che è grosso dimolto [8] questo pesce-cane? – domandò Pinocchio, che di già cominciava a tremare dalla paura.

– Se gli è grosso!... – replicò il delfino. – Perché tu possa fartene un'idea, ti dirò che è più grosso di un casamento [9] di cinque piani, ed ha una boccaccia così larga e profonda, che ci passerebbe comodamente tutto il treno della strada ferrata colla macchina accesa.

– Mamma mia! – gridò spaventato il burattino: e rivestitosi in fretta e furia, si voltò al delfino e gli disse:

– Arrivedella, signor pesce: scusi tanto l'incomodo e mille grazie della sua garbatezza.

Detto ciò, prese subito la viottola e cominciò a camminare di un passo svelto; tanto svelto, che pareva quasi che corresse. E a ogni più piccolo rumore che sentiva, si voltava subito a guardare indietro, per la paura di vedersi inseguire da quel terribile pesce-cane grosso come una casa di cinque piani e con un treno della strada ferrata in bocca.

Dopo mezz'ora di strada arrivò a un piccolo paese detto «il paese delle api industriose». Le strade formicolavano di persone che correvano di qua e di là per le loro faccende: tutti lavoravano, tutti avevano qualche cosa da fare. Non si trovava un ozioso o un vagabondo, nemmeno a cercarlo collumicino [10].

Ho capito – disse subito quello svogliato di Pinocchio questo paese non è fatto per me! Io non son nato per lavorare!

---

[8] *dimolto* (avv.; *di-* intensivo): davvero molto.

[9] *casamento*: palazzo.

[10] *cercarlo collumicino* (= *col lanternino*): cercarlo, ispezionando dappertutto.

Intanto la fame lo tormentava, perché erano oramai passate ventiquattr'ore che non aveva mangiato più nulla: nemmeno una pietanza di vecce [11].

Che fare?

Non gli restavano che due modi per potersi sdigiunare [12]: o chiedere un po' di lavoro; o chiedere in elemosina un soldo o un boccon di pane.

A chiedere l'elemosina si vergognava: perché il suo babbo gli aveva predicato [13] sempre che l'elemosina hanno il diritto di chiederla solamente i vecchi e gl'infermi. I veri poveri, in questo mondo, meritevoli di assistenza e di compassione, non sono altro che quelli che, per ragione d'età o di malattia, si trovano condannati a non potersi più guadagnare il pane col lavoro delle proprie mani. Tutti gli altri hanno l'obbligo di lavorare: e se non lavorano e patiscono fame, tanto peggio per loro.

In quel frattempo, passò per la str ada un uomo tutto sudato e trafelato, il quale da sé solo tirava con gran fatica due carretti carichi di carbone.

Pinocchio, giudicandolo dalla fisonomia per un buon uomo, gli si accostò e, abbassando gli occhi dalla vergogna, gli disse sottovoce:

– Mi fareste la carità di darmi un soldo, perché mi sento morir dalla fame?

– Non un soldo solo – rispose il carbonaio – ma te ne do quattro, a patto che tu m'aiuti a tirare fino a casa questi due carretti di carbone.

– Mi meraviglio! – rispose il burattino quasi offeso – Per vostra regola io non ho fatto mai il somaro [14]: io non ho mai tirato il carretto!...

– Meglio per te! – rispose il carbonaio. – Allora, ragazzo mio,

---

[11] *pietanza di vecce*: piatto di vecce (erba coltivata come foraggio per il bestiame).

[12] *potersi sdigiunare*: potersi sottrarre al digiuno (ma *sdigiunarsi*, con *s-* intensiva, corrisponde al francese *déjeuner* «far colazione»).

[13] *predicato*: insegnato.

[14] Triste, quanto inconsapevole, preludio alla vicenda che subirà.

se ti senti davvero morir dalla fame, mangia due belle fette della tua superbia e bada di non prendere un'indigestione.

Dopo pochi minuti passò per la via un muratore, che portava sulle spalle un corbello di calcina.

– Fareste, galantuomo, la carità d'un soldo a un povero ragazzo, che sbadiglia dall'appetito?

– Volentieri. Vieni con me a portar calcina – rispose il muratore – e invece d'un soldo, te ne darò cinque.

– Ma la calcina è pesa[15] – replicò Pinocchio – e io non voglio durar fatica.

– Se non vuoi durar fatica, allora ragazzo mio divertiti a sbadigliare, e buon pro ti faccia.

In men di mezz'ora passarono altre venti persone: e a tutte Pinocchio chiese un po' d'elemosina, ma tutte gli risposero:

– Non ti vergogni? Invece di fare il bighellone per la strada, vai piuttosto a cercarti un po' di lavoro, e impara a guadagnarti il pane!

Finalmente passò una buona donna[16] che portava due brocche d'acqua.

– Vi contentate, buona donna, che io beva una sorsata d'acqua alla vostra brocca? – disse Pinocchio, che bruciava dall'arsione della sete.

– Bevi pure, ragazzo mio! – disse la donnina, posando le due brocche in terra.

Quando Pinocchio ebbe bevuto come una spugna, borbottò a mezza voce, asciugandosi la bocca:

– La sete me la son levata! Così mi potessi levar la fame!...

La buona donnina, sentendo queste parole, soggiunse subito:

– Se mi aiuti a portare a casa una di queste brocche d'acqua, ti darò un bel pezzo di pane.

Pinocchio guardò la brocca e non rispose né sì né no.

– E insieme col pane ti darò un bel piatto di cavolfiore condito coll'olio e coll'aceto – soggiunse la buona donna.

---

[15] *pesa* (participio contratto): pesante.
[16] *buona donna*: l'aggettivo implica un significato morale, mentre il diminutivo è dell'uso colloquiale.

Pinocchio dette un'altra occhiata alla brocca, e non rispose né sì né no.

– E dopo il cavolfiore ti darò un bel confetto ripieno di rosolio.

Alle seduzioni di quest'ultima ghiottoneria, Pinocchio non seppe più resistere, e fatto un animo risoluto, disse:

– Pazienza! Vi porterò la brocca fino a casa!

La brocca era molto pesa, e il burattino, non avendo forza da portarla colle mani, si rassegnò a portarla in capo.

Arrivati a casa, la buona donnina fece sedere Pinocchio a una piccola tavola apparecchiata, e gli pose davanti il pane, il cavolfiore condito e il confetto.

Pinocchio non mangiò, ma diluviò [17]. Il suo stomaco pareva un quartiere rimasto vuoto e disabitato da cinque mesi.

Calmati a poco a poco i morsi rabbiosi della fame, allora alzò il capo per ringraziare la sua benefattrice; ma non aveva ancora finito di fissarla in volto, che cacciò un lunghissimo *ohhh*!... di maraviglia e rimase là incantato, cogli occhi spalancati, colla forchetta per aria e colla bocca piena di pane e di cavolfiore.

– Che cos'è mai tutta questa meraviglia? – disse ridendo la buona donna.

– Egli è... – rispose balbettando Pinocchio – egli è... egli è..., che voi mi somigliate... voi mi rammentate... sì, sì, sì, la stessa voce... gli stessi occhi... gli stessi capelli... sì, sì, sì... anche voi avete i capelli turchini... come lei!... O Fatina mia!... O Fatina mia!... ditemi che siete voi, proprio voi!... Non mi fate più piangere! Se sapeste!.. Ho pianto tanto, ho patito tanto!...

E nel dir così, Pinocchio piangeva dirottamente, e gettatosi ginocchioni per terra, abbracciava i ginocchi di quella donnina misteriosa.

---

[17] *diluviò* (metaf.): ingurgitò il cibo, in maniera precipitosa.

XXV.

*Pinocchio promette alla Fata di esser buono
e di studiare, perché è stufo di fare il burattino
e vuol diventare un bravo ragazzo.*

In sulle prime [1] la buona donnina cominciò col dire che lei non era la piccola Fata dai capelli turchini: ma poi, vedendosi oramai scoperta e non volendo mandare più in lungo la commedia [2], finì col farsi riconoscere, e disse a Pinocchio:

– Birba [3] d'un burattino! Come mai ti sei accorto che ero io?

– Gli è il gran bene che vi voglio quello che me l'ha detto.

– Ti ricordi? Mi lasciasti bambina e ora mi ritrovi donna; tanto donna, che potrei quasi farti da mamma.

– L'ho caro dimolto, perché così, invece di sorellina, vi chiamerò la mia mamma. Gli è tanto tempo che mi struggo di avere una mamma come tutti gli altri ragazzi!... Ma come avete fatto a crescere così presto?

– È un segreto.

– Insegnatemelo: vorrei crescere un poco anch'io. Non lo vedete? Sono sempre rimasto alto come un soldo di cacio [4].

– Ma tu non puoi crescere – replicò la Fata.

– Perché?

– Perché i burattini non crescono mai. Nascono burattini, vivono burattini e muoiono burattini.

---

[1] *In sulle prime* (*in* pleonastica): anzitutto.

[2] *mandare... commedia*: continuare la finzione.

[3] *Birba*: monello.

[4] Locuzione toscana tipica, con sfumatura ironica; vale a dire che è di proporzioni esìgue.

– Oh! sono stufo di far sempre il burattino! – gridò Pinocchio, dandosi uno scappellotto [5]. – Sarebbe ora che diventassi anch'io un uomo...

– E lo diventerai, se saprai meritartelo...

– Davvero? E che posso fare per meritarmelo?

– Una cosa facilissima: avvezzarti [6] a essere un ragazzino perbene.

– O che forse non sono?

– Tutt'altro! I ragazzi perbene sono ubbidienti, e tu invece...

– E io non ubbidisco mai.

– I ragazzi perbene prendono amore allo studio e al lavoro, e tu...

– E io, invece, faccio il bighellone e il vagabondo tutto l'anno.

– I ragazzi perbene dicono sempre la verità...

– E io sempre le bugie.

– I ragazzi perbene vanno volentieri alla scuola...

– E a me la scuola mi fa venire i dolori di corpo. Ma da oggi in poi voglio mutar vita.

– Me lo prometti?

– Lo prometto. Voglio diventare un ragazzino perbene e voglio essere la consolazione del mio babbo... Dove sarà il mio povero babbo a quest'ora?

– Non lo so.

– Avrò mai la fortuna di poterlo rivedere e abbracciare?

– Credo di sì: anzi ne sono sicura.

A questa risposta fu tale e tanta la contentezza di Pinocchio, che prese le mani alla Fata e cominciò a baciargliele con tanta foga, che pareva quasi fuori di sé. Poi, alzando il viso e guardandola amorosamente, le domandò:

– Dimmi, mammina: dunque non è vero che tu sia morta?

– Par di no – rispose sorridendo la Fata.

---

[5] *scappellotto*: schiaffo leggero.
[6] *avvezzarti*: abituarti.

– Se tu sapessi, che dolore e che serratura [7] alla gola che provai, quando lessi *qui giace...* [8]

– Lo so: ed è per questo che ti ho perdonato. La sincerità del tuo dolore mi fece conoscere che tu avevi il cuore buono: e dai ragazzi buoni di cuore, anche se sono un po' monelli e avvezzati male, c'è sempre da sperar qualcosa: ossia, c'è sempre da sperare che rientrino sulla vera strada. Ecco perché son venuta a cercarti fin qui. Io sarò la tua mamma...

– Oh! Che bella cosa! – gridò Pinocchio saltando dall'allegrezza.

– Tu mi ubbidirai e farai sempre quello che ti dirò io.

– Volentieri, volentieri, volentieri!

– Fino da domani – soggiunse la Fata – tu comincerai coll'andare a scuola.

Pinocchio diventò subito un po' meno allegro.

– Poi sceglierai a tuo piacere un'arte o un mestiere...

Pinocchio diventò serio.

– Che cosa brontoli fra i denti? – domandò la Fata con accento risentito.

– Dicevo... – mugolò il burattino a mezza voce – che oramai per andare a scuola mi pare un po' tardi...

– Nossignore. Tieni a mente che per istruirsi e per imparare non è mai tardi.

– Ma io non voglio fare né arti né mestieri...

– Perché?

– Perché a lavorare mi par fatica.

– Ragazzo mio, – disse la Fata – quelli che dicono così, finiscono quasi sempre o in carcere o allo spedale. L'uomo, per tua regola, nasca ricco o povero, è obbligato in questo mondo a far qualcosa, a occuparsi, a lavorare. Guai a lasciarsi prendere dall'ozio! L'ozio è una bruttissima malattia, e bisogna guarirla subito, fin da ragazzi: se no, quando siamo grandi, non si guarisce più.

---

[7] *serratura*: groppo.
[8] Cfr. l'inizio del capitolo precedente.

Queste parole toccarono l'animo di Pinocchio, il quale rialzando vivacemente la testa disse alla Fata:

– Io studierò, io lavorerò, io farò tutto quello che mi dirai, perché, insomma, la vita del burattino mi è venuta a noia, e voglio diventare un ragazzo a tutti i costi. Me l'hai promesso, non è vero?

– Te l'ho promesso, e ora dipende da te.

XXVI.

Pinocchio va co' suoi compagni di scuola in riva al mare,
per vedere il terribile Pesce-cane.

Il giorno dopo Pinocchio andò alla Scuola comunale.

Figuratevi quelle birbe di ragazzi, quando videro entrare nella loro scuola un burattino! Fu una risata, che non finiva più. Chi gli faceva uno scherzo, chi un altro: chi gli levava il berretto di mano; chi gli tirava il giubbettino di dietro; chi si provava a fargli coll'inchiostro due grandi baffi sotto il naso, e chi si attentava [1] perfino a legargli dei fili ai piedi e alle mani, per farlo ballare.

Per un poco Pinocchio usò disinvoltura e tirò via; ma finalmente, sentendosi scappar la pazienza, si rivolse a quelli che più lo tafanavano [2] e si pigliavano gioco di lui, e disse loro a muso duro:

— Badate, ragazzi: io non son venuto qui per essere il vostro buffone. Io rispetto gli altri e voglio esser rispettato.

— Bravo berlicche[3]! Hai parlato come un libro stampato! — urlarono quei monelli, buttandosi via [4] dalle matte risate: e uno di loro, più impertinente degli altri, allungò la mano coll'idea di prendere il burattino per la punta del naso.

Ma non fece a tempo: perché Pinocchio stese la gamba sotto la tavola e gli consegnò una pedata negli stinchi.

[1] *attentava*: arrischiava.

[2] *tafanavano* (verbo denominale, da *tafano*: insetto molesto): provocavano.

[3] Esclamazione del linguaggio familiare, allusiva al nome del diavolo (berlicche) nel teatro dei burattini.

[4] *buttandosi via*: non controllandosi più.

– Ohi! Che piedi duri! – urlò il ragazzo stropicciandosi il livido che gli aveva fatto il burattino.

– E che gomiti!... Anche più duri dei piedi! – disse un altro che, per i suoi scherzi sguaiati, s'era beccata una gomitata nello stomaco.

Fatto sta che dopo quel calcio e quella gomitata, Pinocchio acquistò sùbito la stima e la simpatia di tutti i ragazzi di scuola: e tutti gli facevano mille carezze e tutti gli volevano un bene dell'anima.

E anche il maestro se ne lodava[5], perché lo vedeva attento, studioso, intelligente, sempre il primo a entrare nella scuola, sempre l'ultimo a rizzarsi in piedi, a scuola finita.

Il solo difetto che avesse era quello di bazzicare[6] troppi compagni: e fra questi, c'erano molti monelli conosciutissimi per la loro poca voglia di studiare e di farsi onore.

Il maestro lo avvertiva tutti i giorni, e anche la buona Fata non mancava di dirgli e di ripetergli più volte:

– Bada Pinocchio! Quei tuoi compagnacci di scuola finiranno prima o poi col farti perdere l'amore allo studio e, forse forse, col tirarti addosso[7] qualche grossa disgrazia.

– Non c'è pericolo! – rispondeva il burattino, facendo una spallucciata e toccandosi coll'indice in mezzo alla fronte, come per dire: «C'è tanto giudizio qui dentro!»

Ora avvenne che un bel giorno, mentre camminava verso la scuola, incontrò un branco[8] dei soliti compagni, che andandogli incontro, gli dissero:

– Sai la gran notizia?

– No.

– Qui nel mare vicino è arrivato un Pesce-cane, grosso come una montagna.

– Davvero?... Che sia quel medesimo Pesce-cane di quando affogò il mio povero babbo?

---

[5] *se ne lodava* (forma riflessiva): ne era soddisfatto.

[6] *bazzicare:* frequentare (cattive compagnie).

[7] *tirarti adosso* (met af.): causarti.

[8] *branco* (con accezione deteriore): gruppo.

– Noi andiamo alla spiaggia per vederlo. Vuoi venire anche tu?

– Io, no: io voglio andare a scuola.

– Che t'importa della scuola? Alla scuola ci anderemo domani. Con una lezione di più o con una di meno, si rimane sempre gli stessi somari.

– E il maestro che dirà?

– Il maestro si lascia dire. È pagato apposta per brontolare tutto il giorno.

– E la mia mamma?...

– Le mamme non sanno mai nulla – risposero quei malanni [9].

– Sapete che cosa farò? – disse Pinocchio. – Il Pesce-cane voglio vederlo per certe mie ragioni... ma anderò a vederlo dopo la scuola.

– Povero giucco[10]! – ribatté uno del branco. – Che credi che un pesce di quella grossezza voglia star lì a fare il comodo tuo? Appena s'è annoiato, piglia il dirizzone [11] per un'altra parte, e allora chi s'è visto s'è visto.

– Quanto tempo ci vuole di qui alla spiaggia? – domandò il burattino.

– Fra un'ora, siamo bell'e andati e tornati.

– Dunque, via! E chi più corre, è più bravo! – gridò Pinocchio.

Dato così il segnale della partenza, quel branco di monelli, coi loro libri e i loro quaderni sotto il braccio, si messero a correre attraverso ai campi; e Pinocchio era sempre avanti a tutti: pareva che avesse le ali ai piedi.

Di tanto in tanto, voltandosi indietro, canzonava i suoi compagni rimasti a una bella distanza, e nel vederli ansanti, trafelati, polverosi e con tanto di lingua fuori, se la rideva proprio di cuore. Lo sciagurato in quel momento non sapeva a quali paure e a quali orribili disgrazie andava incontro!...

---

[9] *malanni*: malandrini (cfr . cap . XVIII, nota 7).

[10] *giucco*: scemo.

[11] *piglia il dirizzone*: cambia direzione.

XXVII.

Gran combattimento fra Pinocchio e i suoi compagni:
uno de' quali essendo rimasto ferito [*],
Pinocchio viene arrestato dai Carabinieri.

Giunto che fu sulla spiaggia, Pinocchio dette subito una grande occhiata sul mare; ma non vide nessun Pesce-cane. Il mare era tutto liscio come un gran cristallo da specchio [1].
– O il Pesce-cane dov'è? – domandò, voltandosi ai compagni.
– Sarà andato a far colazione – rispose uno di loro, ridendo.
– O si sarà buttato sul letto per fare un sonnellino – soggiunse un altro, ridendo più forte che mai.
Da quelle risposte sconclusionate e da quelle risatacce grulle, Pinocchio capì che i suoi compagni gli avevano fatto una brutta celia, dandogli ad intendere una cosa che non era vera, e pigliandosela a male, disse loro con voce di bizza [2]:
– E ora? Che sugo [3] ci avete trovato a darmi ad intendere la storiella del Pesce-cane?
– Il sugo c'è sicuro!... – risposero in coro quei monelli.
– E sarebbe?...
– Quello di farti perdere la scuola e di farti venire con noi. Non ti vergogni a mostrarti tutti i giorni così preciso e così

---

[*] Costrutto con il gerundio sul tipo dell'ablativo assoluto latino: «poiché uno dei compagni era rimasto ferito».
[1] *liscio...specchio*: cfr. buono come un olio (cap. XXIV, nota 3).
[2] *bizza*: stizza, ira.
[4] *sugo*: gusto.

diligente alla lezione? Non ti vergogni a studiar tanto, come fai?

– E se io studio, che cosa ve ne importa?

– A noi ce ne importa moltissimo, perché ci costringi a fare una brutta figura col maestro...

– Perché?

– Perché gli scolari che studiano fanno sempre scomparire[4] quelli, come noi, che non hanno voglia di studiare. E noi non vogliamo scomparire! Anche noi abbiamo il nostro amor proprio!...

– E allora che cosa devo fare per contentarvi?

– Devi prendere a noia, anche tu, la scuola, la lezione e il maestro, che sono i nostri tre grandi nemici.

– E se io volessi seguitare a studiare?

– Noi non ti guarderemo più in faccia, e alla prima occasione ce la pagherai!...

– In verità mi fate quasi ridere – disse il burattino con una scrollatina di capo.

– Ehi Pinocchio! – Gridò allora il più grande di quei ragazzi, andandogli sul viso. – Non venir qui a fare lo smargiasso: non venir qui a far tanto il galletto! [5]... perché se tu non hai paura di noi, noi non abbiamo paura di te! Ricordati che te sei solo e noi siamo sette.

– Sette come i peccati mortali – disse Pinocchio con una gran risata.

– Avete sentito? Ci ha insultati tutti! Ci ha chiamato col nome di peccati mortali!...

– Pinocchio! Chiédici scusa dell'offesa... o se no, guai a te!. ...

– Cucù! – fece il burattino, battendosi coll'indice sulla punta del naso, in segno di canzonatura.

– Pinocchio! La[6] finisce male!...

– Cucù!

---

[4] *scomparire*: sfigurare (cioè risultare inferiore, al confronto con chi è superiore per certe qualità).

[5] Le locuzioni «fare le smargiasso» e «fare il galletto» significano: comportarsi in maniera da enfatizzare la propria superiorità.

[6] *la* (pleonastico): la situazione.

– Ne toccherai [7] quanto un somaro!...
– Cucù!
– Ritornerai a casa col naso rotto!...
– Cucù!
– Ora il cucù te lo darò io! – Gridò il più ardito di quei monelli.
– Prendi intanto quest'acconto e serbalo per la cena di stasera.

E nel dir così gli appiccicò un pugno nel capo.

Ma fu, come si suol dire, botta e risposta; perché il burattino, come c'era da aspettarselo, rispose subito con un altro pugno: e lì, da un momento all'altro, il combattimento diventò generale e accanito.

Pinocchio, sebbene fosse solo, si difendeva come un eroe. Con quei suoi piedi di legno durissimo lavorava così bene, da tener sempre i suoi nemici a rispettosa distanza. Dove i suoi piedi potevano arrivare e toccare, ci lasciavano sempre un livido per ricordo.

Allora i ragazzi, indispettiti di non potersi misurare col burattino a corpo a corpo, pensarono bene di metter mano ai proiettili, e sciolti i fagotti de' loro libri di scuola, cominciarono a scagliare contro di lui i *Sillabari*, le *Grammatiche*, i *Giannettini*, i *Minuzzoli*, i *Racconti* del Thouar, il *Pulcino* della Baccini e altri libri scolastici [8]: ma il burattino, che era d'occhio svelto e ammalizzito, faceva sempre civetta [9] a tempo, sicché i volumi, passandogli di sopra al capo, andavano tutti a cascare nel mare.

Figuratevi i pesci! I pesci, credendo che quei libri fossero roba da mangiare, correvano a frotte a fior d'acqua; ma dopo avere abboccata qualche pagina o qualche frontespizio, la risputavano subito, facendo con la bocca una certa smorfia, che

---

[7] *Ne toccherai*: ne prenderai (di bastonate).

[8] In questi «libri scolastici» usati come proiettili c'è molta ironia, e anzi Collodi si diverte anche a prendere in giro se stesso, menzionando i *Giannettini* e i *Minuzzoli*, mentre non risparmia i colleghi Pietro Thouar e Ida Baccini, scrittori per l'infanzia.

[9] *faceva ...civetta*: faceva con il capo l'atto della civetta, cioè abbassava la testa (per schivare il colpo).

pareva volesse dire: «Non è roba per noi: noi siamo avvezzi a cibarci molto meglio!».

Intanto il combattimento s'inferociva sempre più, quand'ecco che un grosso granchio, che era uscito fuori dall'acqua e s'era adagio adagio arrampicato fin sulla spiaggia, gridò con una vociaccia di trombone infreddato:

– Smettetela, birichini che non siete altro! Queste guerre manesche fra ragazzi e ragazzi raramente vanno a finir bene. Qualche disgrazia accade sempre!... Povero granchio! Fu lo stesso che avesse predicato al vento. Anzi quella birba di Pinocchio, voltandosi indietro a guardarlo in cagnesco, gli disse sgarbatamente:

– Chetati granchio dell'uggia[10]! Faresti meglio a succiare due pasticche di lichene per guarire da codesta infreddatura di gola. Vai piuttosto a letto e cerca di sudare!...

In quel frattempo i ragazzi, che avevano finito oramai di tirare tutti i loro libri, occhiarono lì a poca distanza il fagotto dei libri del burattino, e se ne impadronirono in men che non si dice.

Fra questi libri, v'era un volume rilegato in cartoncino grosso, colla costola e colle punte di cartapecora. Era un *Trattato* di *Aritmetica*. Vi lascio immaginare se era peso di molto!

Uno di quei monelli agguantò quel volume e, presa di mira la testa di Pinocchio, lo scagliò con quanta forza aveva nel braccio: ma invece di cogliere il burattino, colse nella testa uno dei compagni; il quale diventò bianco come un panno lavato, e non disse altro che queste parole:

– O mamma mia, aiutatemi... perché muoio!...

Poi cadde disteso sulla rena del lido.

Alla vista di quel morticino, i ragazzi spaventati si dettero a scappare a gambe e in pochi minuti non si videro più.

Ma Pinocchio rimase lì, e sebbene per il dolore e per lo spavento, anche lui fosse più morto che vivo, nondimeno corse

---

[10] L'imperativo è uguale a quello rivolto al Grillo-parlante (cap. IV, nota 5); la specificazione *dell'uggia* vale in senso spregiativo («della noia, noioso»).

a inzuppare il suo fazzoletto nell'acqua del mare e si pose a bagnare la tempia del suo povero compagno di scuola. E intanto, piangendo dirottamente e disperandosi, lo chiamava per nome e gli diceva:

– Eugenio!... povero Eugenio mio!... apri gli occhi, e guardami!... Perché non mi rispondi? Non sono stato io, sai, che ti ho fatto tanto male! Credilo, non sono stato io!... Apri gli occhi, Eugenio... Se tieni gli occhi chiusi, mi farai morire anche me... O Dio mio! come farò ora a tornare a casa? ... Con che coraggio potrò presentarmi alla mia buona mamma? Che sarà di me?... dove fuggirò?... Dove anderò a nascondermi?... Oh! quant'era meglio, mille volte meglio che fossi andato a scuola!... Perché ho dato retta a questi compagni, che sono la mia dannazione?... E il Maestro me l'aveva detto!... e la mia mamma me l'aveva ripetuto: «Guàrdati dai cattivi compagni!». Ma io sono un testardo... un caparbiaccio... lascio dir tutti, e poi fo sempre a modo mio! E dopo mi tocca a scontarle... E così, da che sono al mondo, non ho mai avuto un quarto d'ora di bene. Dio mio! Che sarà di me, che sarà di me, che sarà di me?...

E Pinocchio continuava a piangere, a berciare, a darsi dei pugni nel capo e a chiamar per nome il povero Eugenio: quando sentì a un tratto un rumore sordo di passi che si avvicinavano.

Si voltò: erano due carabinieri.

– Che cosa fai così sdraiato per terra? – domandarono a Pinocchio.

– Assisto questo mio compagno di scuola.

– Che gli è venuto male?

– Par di sì!...

– Altro che male! – disse uno dei carabinieri, chinandosi e osservando Eugenio da vicino. – Questo ragazzo è stato ferito in una tempia: chi è che l'ha ferito?

– Io no – balbettò il burattino che non aveva più fiato in corpo.

– Se non sei stato tu, chi è stato dunque che l'ha ferito?

– Io no, – ripeté Pinocchio.

– E con che cosa è stato ferito?

– Con questo libro. – E il burattino raccattò di terra il

Trattato di Aritmetica, rilegato in cartone e cartapecora, per mostrarlo al carabiniere.

– E questo libro di chi è?

– Mio.

– Basta così: non occorre altro. Rizzati subito e vieni via con noi.

– Ma io...

– Via con noi!...

– Ma io sono innocente...

– Via con noi!

Prima di partire, i carabinieri chiamarono alcuni pescatori, che in quel momento passavano per l'appunto colla loro barca vicino alla spiaggia, e dissero loro:

– Vi affidiamo questo ragazzetto ferito nel capo. Portatelo a casa vostra e assistetelo. Domani torneremo a vederlo.

Quindi si volsero a Pinocchio e, dopo averlo messo in mezzo a loro due, gl'intimarono con accento soldatesco:

– Avanti! e cammina spedito! se no, peggio per te.

Senza farselo ripetere, il burattino cominciò a camminare per quella viottola, che conduceva al paese. Ma il povero diavolo non sapeva più nemmeno lui in che mondo si fosse. Gli pareva di sognare, e che brutto sogno! Era fuori di sé. I suoi occhi vedevano tutto doppio: le gambe gli tremavano: la lingua gli era rimasta attaccata al palato e non poteva più spiecicare una sola parola. Eppure, in mezzo a quella specie di stupidità e di rintontimento, una spina acutissima gli bucava il cuore: il pensiero, cioè, di dover passare sotto le finestre di casa della sua buona Fata, in mezzo ai carabinieri. Avrebbe preferito piuttosto di morire.

Erano già arrivati e stavano per entrare in paese, quando una folata di vento strapazzone [11] levò di testa a Pinocchio il berretto, portandoglielo lontano una diecina di passi.

– Si contentano [12] – disse il burattino ai carabinieri – che vada a riprendere il mio berretto?

[11] *strapazzone* (deverbale, da strapazzare «trattare male»): detto del vento quando sorprende con improvvise e violente folate.

[12] *Si contentano* (formula di cortesia): consentono, permettono.

– Vai pure: ma facciamo una cosa lesta.

Il burattino andò, raccattò il berretto... ma invece di metterselo in capo, se lo mise in bocca fra i denti, e poi cominciò a correre di gran carriera verso la spiaggia del mare. Andava via come una palla di fucile.

I carabinieri, giudicando che fosse difficile raggiungerlo, gli aizzarono dietro un grosso cane mastino, che aveva guadagnato il primo premio in tutte le corse dei cani. Pinocchio correva, e il cane correva più di lui: per cui tutta la gente si affacciava alle finestre e si affollava in mezzo alla strada, ansiosa di veder la fine di questo palio [13] feroce. Ma non poté levarsi questa voglia, perché il cane mastino e Pinocchio sollevarono lungo la strada un tal polverone, che dopo pochi minuti non fu più possibile di veder nulla.

[13] *palio*: corsa.

XXVIII.

Pinocchio corre pericolo di esser fritto in padella,
come un pesce.

Durante quella corsa disperata, vi fu un momento terribile, un momento in cui Pinocchio si credé perduto: perché bisognava sapere che Alidoro [1] (era questo il nome del can mastino) a furia di correre e correre, l'aveva quasi raggiunto.

Basti dire che il burattino sentiva dietro di sé, alla distanza d'un palmo, l'ansare affannoso di quella bestiaccia e ne sentiva perfino la vampa calda delle fiatate.

Per buona fortuna la spiaggia era oramai vicina e il mare si vedeva lì a pochi passi.

Appena fu sulla spiaggia, il burattino spiccò un bellissimo salto, come avrebbe potuto fare un ranocchio, e andò a cascare in mezzo all'acqua. Alidoro invece voleva fermarsi; ma trasportato dall'impeto della corsa, entrò nell'acqua anche lui. E quel disgraziato non sapeva nuotare; per cui cominciò subito ad annaspare colle zampe per reggersi a galla ma più annaspava e più andava col capo sott'acqua.

Quando tornò a rimettere il capo fuori, il povero cane aveva gli occhi impauriti e stralunati, e, abbaiando, gridava:

– Affogo! affogo!

– Crepa! [2] – gli rispose Pinocchio da lontano, il quale si vedeva oramai sicuro da ogni pericolo.

---

[1] *Alidoro*: è attribuito al mastino il nome di un protagonista del poema cavalleresco Amadigi, di Bernardo Tasso (padre di Torquato, l'autore della Gerusalemme Liberata).

[2] *Crepa*: scoppia, muori.

– Aiutami, Pinocchio mio!... salvami dalla morte!...

A quelle grida strazianti, il burattino, che in fondo aveva un cuore eccellente, si mosse a compassione, e voltosi al cane gli disse:

– Ma se io ti aiuto a salvarti, mi prometti di non darmi più noia e di non corrermi dietro?

– Te lo prometto! Te lo prometto! Spìcciati per carità, perché se indugi un altro mezzo minuto, son bell'e morto.

Pinocchio esitò un poco: ma poi, ricordandosi che il suo babbo gli aveva detto tante volte che a fare una buona azione non ci si scàpita [3] mai, andò nuotando a raggiungere Alidoro, e, présolo per la coda con tutte e due le mani, lo portò sano e salvo sulla rena asciutta del lido.

Il povero cane non si reggeva più in piedi. Aveva bevuto, senza volerlo, tant'acqua salata, che era gonfiato come un pallone. Per altro il burattino, non volendo fare [4] a fidarsi troppo, stimò cosa prudente di gettarsi nuovamente in mare; e allontanandosi dalla spiaggia, gridò all'amico salvato:

– Addio, Alidoro, fai buon viaggio e tanti saluti a casa.

– Addio Pinocchio – rispose il cane; – mille grazie di avermi liberato dalla morte. Tu m'hai fatto un gran servizio: e in questo mondo quel che è fatto è reso. Se capita l'occasione, ci riparleremo.

Pinocchio seguitò a nuotare, tenendosi sempre vicino alla terra. Finalmente gli parve di esser giunto in un luogo sicuro; e dando un'occhiata alla spiaggia, vide sugli scogli una specie di grotta, dalla quale usciva un lunghissimo pennacchio di fumo.

– In quella grotta – disse allora fra sé – ci deve essere del fuoco. Tanto meglio! Anderò a rasciugarmi e a riscaldarmi, e poi?... e poi sarà quel che sarà.

Presa questa risoluzione, si avvicinò alla scogliera; ma quando fu lì per arrampicarsi, sentì qualche cosa sotto l'acqua che saliva, saliva, saliva e lo portava per aria. Tentò subito di fuggire, ma oramai era tardi, perché con sua grandissima mara-

---

[3] scàpita: perde.
[4] fare: pleonastico.

viglia si trovò rinchiuso dentro a una grossa rete in mezzo a un brulichio di pesci d'ogni forma e grandezza, che scodinzolavano e si dibattevano come tant'anime disperate.

E nel tempo stesso vide uscire dalla grotta un pescatore così brutto, ma tanto brutto, che pareva un mostro marino.

Invece di capelli aveva sulla testa un cespuglio foltissimo di erba verde; verde era la pelle del suo corpo, verdi gli occhi, verde la barba lunghissima, che gli scendeva fin quaggiù [5].

Pareva un grosso ramarro ritto su i piedi di dietro.

Quando il pescatore ebbe tirata fuori la rete dal mare, gridò tutto contento:

– Provvidenza benedetta! Anch'oggi potrò fare una bella scorpacciata di pesce!

– Manco male [6], che io non sono un pesce! – disse Pinocchio dentro di sé, ripigliando un po' di coraggio.

La rete piena di pesci fu portata dentro la grotta, una grotta buia e affumicata, in mezzo alla quale friggeva una gran padella d'olio, che mandava un odorino di moccolaia [7], da mozzare il respiro.

– Ora vediamo un po' che pesci abbiamo presi! – disse il pescatore verde; e ficcando nella rete una manona così spropositata, che pareva una pala da fornai, tirò fuori una manciata di triglie.

– Buone queste triglie! – disse, guardandole e annusandole con compiacenza. E dopo averle annusate, le scaraventò in una conca senz'acqua.

Poi ripeté più volte la solita operazione; e via via che cavava fuori gli altri pesci, sentiva venirsi l'acquolina in bocca e gongolando diceva:

– Buoni questi naselli!...

– Squisiti questi muggini!...

– Deliziose queste sogliole!...

---

[5] *fin quaggiù*: fino ai piedi.

[6] *Manco male*: meno male, per fortuna.

[7] *moccolaia*: puzza del mòccolo, cioè dello stoppino consumato nelle lampade a olio.

– Prelibati questi ragnotti! ...

– Carine queste acciughe col capo! ...

Come potete immaginarvelo, i naselli, i muggini, le sogliole, i ragnotti e l'acciughe, andarono tutti alla rinfusa nella conca, a tener compagnia alle triglie.

L'ultimo che restò nella rete fu Pinocchio.

Appena il pescatore l'ebbe cavato fuori, sgranò dalla meraviglia i suoi occhioni verdi, gridando quasi impaurito:

– Che razza di pesce è questo? Dei pesci fatti a questo modo non mi ricordo di averne mangiati mai!

E tornò a guardarlo attentamente, e dopo averlo guardato ben bene per ogni verso, finì col dire:

– Ho capito: dev'essere un granchio di mare.

Allora Pinocchio, mortificato di sentirsi scambiare per un granchio, disse con accento risentito:

– Ma che granchio e non granchio? Guardi come lei mi tratta! Io per sua regola sono un burattino.

– Un burattino? – replicò il pescatore. – Dico la verità, il pesce burattino è per me un pesce nuovo! Meglio così! Ti mangerò più volentieri.

– Mangiarmi? Ma la vuol capire che io non sono un pesce? O non sente che parlo, e ragiono come lei?

– È verissimo, – soggiunse il pescatore, – e siccome vedo che sei un pesce, che hai la fortuna di parlare e di ragionare, come me, così voglio usarti anch'io i dovuti riguardi.

– E questi riguardi sarebbero? ...

– In segno di amicizia e di stima particolare, lascerò a te la scelta del come vuoi essere cucinato [8]. Desideri essere fritto in padella, oppure preferisci di essere cotto nel tegame colla salsa di pomidoro?

– A dir la verità, – rispose Pinocchio, – se io debbo scegliere, preferisco piuttosto di essere lasciato libero, per potermene tornare a casa mia.

– Tu scherzi! Ti pare che io voglia perdere l'occasione di

---

[8] È una preferenza che rammenta quella accordata dal gigante Polifemo, che, come dono ospitale, avrebbe mangiato Odisseo per ultimo, dopo i suoi compagni (*Odissea*, IX 369-70).

assaggiare un pesce così raro? Non capita mica tutti i giorni un pesce burattino in questi mari. Lascia fare a me: ti friggerò in padella assieme a tutti gli altri pesci, e te ne troverai contento. L'esser fritto in compagnia è sempre una consolazione.

L'infelice Pinocchio, a quest'antifona, cominciò a piangere, a strillare, a raccomandarsi: e piangendo diceva: Quant'era meglio, che fossi andato a scuola!... Ho voluto dar retta ai compagni, e ora la pago! Ih!... Ih!... Ih!...

E perché si divincolava come un'anguilla e faceva sforzi incredibili per isgusciare dalle grinfie del pescatore verde, questi prese una bella buccia di giunco [9], e dopo averlo legato per le mani e per i piedi, come un salame, lo gettò in fondo alla conca cogli altri.

Poi, tirato fuori un vassoiaccio di legno, pieno di farina, si dette a infarinare tutti quei pesci; e man mano che li aveva infarinati, li buttava a friggere dentro la padella.

I primi a ballare nell'olio bollente furono i poveri naselli: poi toccò ai ragnotti, poi ai muggini, poi alle sogliole e alle acciughe, e poi venne la volta di Pinocchio. Il quale, a vedersi così vicino alla morte (e che brutta morte!) fu preso da tanto tremito e da tanto spavento, che non aveva più né voce né fiato per raccomandarsi.

Il povero figliuolo si raccomandava cogli occhi! Ma il pescatore verde, senza badarlo neppure, lo avvoltolò cinque o sei volte nella farina, infarinandolo così bene dal capo ai piedi, che pareva diventato un burattino di gesso.

Poi lo prese per il capo, e...

[9] *buccia di giunco*: legaccio di scorza di salice.

XXIX.

Ritorna a casa della Fata, la quale gli promette
che il giorno dopo non sarà più un burattino,
ma diventerà un ragazzo. Gran colazione di caffè-e-latte
per festeggiare questo grande avvenimento.

Mentre il pescatore era proprio sul punto di buttar Pinocchio nella padella, entrò nella grotta un grosso cane condotto là dall'odore acutissimo e ghiotto della frittura.

– Passa via! – gli gridò il pescatore minacciandolo e tenendo sempre in mano il burattino infarinato.

Ma il povero cane aveva una fame per quattro [1], e mugolando e dimenando la coda, pareva che dicesse:

– Dammi un boccon di frittura e ti lascio in pace.

– Passa via, ti dico! – gli ripeté il pescatore; e allungò la gamba per tirargli una pedata.

Allora il cane che, quando aveva fame davvero, non era avvezzo a lasciarsi posar mosche sul naso [2], si rivoltò ringhioso al pescatore, mostrandogli le sue terribili zanne.

In quel mentre si udì nella grotta una vocina fioca fioca, che disse:

– Salvami Alidoro! Se non mi salvi, son fritto! [3]...

Il cane riconobbe subito la voce di Pinocchio e si accorse con sua grandissima maraviglia che la vocina era uscita da quel fagotto infarinato che il pescatore teneva in mano.

---

[1] *una fame per quattro*: la fame che avrebbero avuto quattro cani.

[2] *lasciarsi posar mosche sul naso*: subire le azioni più meschine.

[3] *son fritto*: modo di dire, ancora frequente, qui insieme nell'accezione metaforica e nel significato letterale.

Allora che cosa fa? [4] Spicca un gran lancio da terra, abbocca quel fagotto infarinato e, tenendolo leggermente coi denti, esce correndo dalla grotta, e via come un baleno!

Il pescatore, arrabbiatissimo di vedersi strappar di mano un pesce, che egli avrebbe mangiato tanto volentieri, si provò a rincorrere il cane; ma fatti pochi passi, gli venne un nodo di tosse e dové tornarsene indietro.

Intanto Alidoro, ritrovata che ebbe la viottola che conduceva al paese, si fermò e posò delicatamente in terra l'amico Pinocchio.

– Quanto ti debbo ringraziare! – disse il burattino.

– Non c'è bisogno – replicò il cane – tu salvasti me, e quel che è fatto, è reso. Si sa: in questo mondo bisogna tutti aiutarsi l'uno coll'altro.

– Ma come mai sei capitato in quella grotta?

– Ero sempre qui disteso sulla spiaggia più morto che vivo, quando il vento mi ha portato da lontano un odorino di frittura. Quell'odorino mi ha stuzzicato l'appetito, e io gli sono andato dietro. Se arrivavo un minuto più tardi!...

– Non me lo dire! - urlò Pinocchio che tremava ancora dalla paura. – Non me lo dire! Se tu arrivavi un minuto più tardi, a quest'ora io ero bell'e fritto, mangiato e digerito.

Brrr!. .. mi vengono i brividi soltanto a pensarvi!...

Alidoro, ridendo, stese la zampa destra verso il burattino, il quale gliela strinse forte forte in segno di grande amicizia: e dopo si lasciarono.

Il cane riprese la strada di casa: e Pinocchio, rimasto solo, andò a una capanna lì poco distante, e domandò a un vecchietto che stava sulla porta a scaldarsi al sole:

– Dite, galantuomo [5], sapete nulla di un povero ragazzo ferito nel capo e che si chiamava Eugenio?...

– Il ragazzo è stato portato da alcuni pescatori in questa capanna, e ora...

– Ora sarà morto!... – interruppe Pinocchio con gran dolore.

---

[4] Interrogativa didascalica.
[5] *Dite, galantuomo*: formula di cortesia.

– No: ora è vivo, ed è già ritornato a casa sua.

– Davvero, davvero? – gridò il burattino, saltando dall'allegrezza.

– Dunque la ferita non era grave?...

– Ma poteva riuscire gravissima e anche mortale – rispose il vecchietto – perché gli tirarono nel capo un grosso libro rilegato in cartone.

– E chi glielo tirò?

– Un suo compagno di scuola: un certo Pinocchio...

– E chi è questo Pinocchio? – domandò il burattino facendo lo gnorri [6].

– Dicono che sia un ragazzaccio, un vagabondo, un vero rompicollo...

– Calunnie! Tutte calunnie!

– Lo conosci tu questo Pinocchio?

– Di vista! – rispose il burattino.

– E tu che concetto [7] ne hai? – gli chiese il vecchietto.

– A me mi [8] pare un gran buon figliuolo, pieno di voglia di studiare, ubbidiente, affezionato al suo babbo e alla sua famiglia...

Mentre il burattino sfilava a faccia fresca [9] tutte queste bugie, si toccò il naso e si accorse che il naso gli era allungato più d'un palmo. Allora tutto impaurito cominciò a gridare:

– Non date retta, galantuomo, a tutto il bene che ve ne ho detto: perché conosco benissimo Pinocchio e posso assicurarvi anch'io che è davvero un ragazzaccio, un disubbidiente e uno svogliato, che invece di andare a scuola, va coi compagni a fare lo sbarazzino[10]!

Appena ebbe pronunziate queste parole, il suo naso raccorcì e tornò della grandezza naturale, come era prima.

– E perché sei tutto bianco a codesto modo? – gli domandò a un tratto il vecchietto.

– Vi dirò... senza avvedermene, mi sono strofinato a un muro,

[6] *lo gnorri*: l'ignaro.
[7] *concetto*: opinione.
[8] *A me mi*: pleonasmo caratteristico del parlato.
[9] *sfilava a faccia fresca*: diceva, senza darlo a vedere, una dopo l'altra.
[10] *sbarazzino*: monello, ragazzo irrequieto.

che era imbiancato di fresco - rispose il burattino, vergognandosi a confessare che lo avevano infarinato come un pesce, per poi friggerlo in padella.

– O della tua giacchetta, de' tuoi calzoncini e del tuo berretto, che cosa ne hai fatto?

– Ho incontrato i ladri e mi hanno spogliato. Dite, buon vecchio, non avreste per caso da darmi un po' di vestituccio [11], tanto perché io possa ritornare a casa?

Ragazzo mio, in quanto a vestiti, io non ho che un piccolo sacchetto, dove ci tengo i lupini [12]. Se lo vuoi, piglialo: eccolo là.

E Pinocchio non se lo fece dire due volte: prese subito il sacchetto dei lupini che era vuoto e, dopo averci fatto colle forbici una piccola buca nel fondo e due buche dalle parti, se lo infilò a uso [13] camicia. E vestito leggerino a quel modo, si avviò verso il paese.

Ma, lungo la strada, non si sentiva punto [14] tranquillo; tant'è vero che faceva un passo avanti e uno indietro e, discorrendo da sé solo, andava dicendo:

– Come farò a presentarmi alla mia buona Fatina? Che dirà quando mi vedrà? ... Vorrà perdonarmi questa seconda birichinata?... Scommetto che non me la perdona!... oh! non me la perdona di certo... E mi sta il dovere: perché io sono un monello che prometto sempre di correggermi, e non mantengo mai!...

Arrivò al paese che era già notte buia; e perché faceva tempaccio [15] e l'acqua veniva giù a catinelle, andò diritto di ritto alla casa della Fata coll'animo risoluto di bussare alla porta e di farsi aprire.

Ma, quando fu lì, sentì mancarsi il coraggio e invece di bus-

---

[11] *un po' di vestituccio*: la locuzione *un po' di* rafforza il diminutivo, conferendo all'espressione una sfumatura affettiva.
[12] *lupini*: semi del lupino (pianta erbacea delle leguminose), commestibili.
[13] *a uso* = a mo' di.
[14] *punto*: per niente.
[15] *faceva tempaccio* (impersonale): era tempo cattivo.

sare si allontanò, correndo, una ventina di passi. Poi tornò una seconda volta alla porta, e non concluse nulla: poi si avvicinò una terza volta, e nulla: la quarta volta prese, tremando, il battente di ferro in mano, e bussò un piccolo colpettino.

Aspetta, aspetta, finalmente dopo mezz'ora si aprì una finestra dell'ultimo piano (la casa era di quattro piani) e Pinocchio vide affacciarsi una grossa Lumaca, che aveva un lumicino acceso sul capo, la quale disse:

– Chi è a quest'ora?

– La Fata è in casa? – domandò il burattino.

– La Fata dorme e non vuol essere svegliata: ma tu chi sei?

– Sono io!

– Chi io?

– Pinocchio.

– Chi Pinocchio?

– Il burattino, quello che sta in casa colla Fata.

– Ah! ho capito - disse la Lumaca. – Aspettami costì [16] che ora scendo giù e ti apro subito.

– Spicciatevi, per carità, perché io muoio dal freddo.

– Ragazzo mio, io sono una lumaca, e le lumache non hanno mai fretta.

Intanto passò un'ora, ne passarono due, e la porta non si apriva: per cui Pinocchio, che tremava dal freddo, dalla paura e dall'acqua che aveva addosso, si fece cuore e bussò una seconda volta, e bussò più forte.

A quel secondo colpo si aprì una finestra del piano di sotto e si affacciò la solita lumaca.

– Lumachina bella – gridò Pinocchio dalla strada – sono due ore che aspetto! E due ore, a questa serataccia, diventano più lunghe di due anni. Spicciatevi, per carità.

– Ragazzo mio – gli rispose dalla finestra quella bestiola tutta pace e tutta flemma – ragazzo mio, io sono una lumaca, e le lumache non hanno mai fretta.

E la finestra si richiuse.

[16] *costì*: lì dove sei.

Di lì a poco suonò la mezzanotte: poi il tocco [17], poi le due dopo mezzanotte, e la porta era sempre chiusa.

Allora Pinocchio, perduta la pazienza, afferrò con rabbia il battente della porta per bussare un colpo da far rintronare tutto il casamento: ma il battente, che era di ferro, diventò a un tratto un'anguilla viva, che sgusciandogli dalle mani sparì nel rigagnolo d'acqua in mezzo alla strada.

– Ah! sì? – gridò Pinocchio sempre più accecato dalla collera.

– Se il battente è sparito, io seguiterò a bussare a furia di calci.

E tiratosi un poco indietro, lasciò andare una solennissima [18] pedata nell'uscio della casa. Il colpo fu così forte, che il piede penetrò nel legno fino a mezzo: e quando il burattino si provò a ricavarlo fuori, fu tutta fatica inutile: perché il piede c'era rimasto conficcato dentro, come un chiodo ribadito [19].

Figuratevi il povero Pinocchio! Dové passare tutto il resto della notte con un piede in terra e con quell'altro per aria.

La mattina, sul far del giorno, finalmente la porta si aprì. Quella brava bestiola della lumaca, a scendere dal quarto piano fino all'uscio di strada, ci aveva messo solamente nove ore. Bisogna proprio dire che avesse fatto una sudata! [20]

– Che cosa fate con codesti piedi conficcati nell'uscio? domandò ridendo al burattino.

– È stata una disgrazia. Vedete un po', Lumachina bella, se vi riesce di liberarmi da questo supplizio.

– Ragazzo mio, costì ci vuole un legnaiolo [21], e io non ho mai fatto la legnaiola.

– Pregate la Fata da parte mia!...

– La Fata dorme e non vuol essere svegliata.

– Ma che cosa volete che io faccia inchiodato tutto il giorno a questa porta?

---

[17] *il tocco*: l'una (di notte).
[18] *solennissima*: vigorosa.
[19] *ribadito*: conficcato in maniera da non essere facilmente estraibile.
[20] Tutto il paragrafo ha un tono ironico.
[21] *legnaiolo*: falegname.

– Divertiti a contare le formicole [22] che passano per la strada.

– Portatemi almeno qualche cosa da mangiare, perché mi sento rifinito [23].

– Subito! – disse la Lumaca.

Difatti dopo tre ore e mezzo Pinocchio la vide tornare con un vassoio d'argento in capo. Nel vassoio c'era un pane, un pollastro arrosto e quattro albicocche mature.

– Ecco la colazione che vi manda la Fata – disse la Lumaca.

Alla vista di quella grazia di Dio, il burattino sentì consolarsi tutto. Ma quale fu il suo disinganno quando, incominciando a mangiare, si dové accorgere che il pane era di gesso, il pollastro di cartone e le quattro albicocche di alabastro, colorite al naturale.

Voleva piangere, voleva darsi alla disperazione, voleva buttar via il vassoio e quel che c'era dentro: ma invece, o fosse il gran dolore o la gran languidezza di stomaco, fatto sta che cadde svenuto.

Quando si riebbe, si trovò disteso sopra un sofà, e la Fata era accanto a lui.

– Anche per questa volta ti perdono – gli disse la Fata – ma guai a te se me ne fai un'altra delle tue!...

Pinocchio promise e giurò che avrebbe studiato, e che si sarebbe condotto sempre bene. E mantenne la parola per tutto il resto dell'anno. Difatti, agli esami delle vacanze, ebbe l'onore di essere il più bravo della scuola; e i suoi portamenti [24], in generale, furono giudicati così lodevoli e soddisfacenti, che la Fata, tutta contenta, gli disse:

– Domani finalmente il tuo desiderio sarà appagato!

– Cioè?

– Domani finirai di essere un burattino di legno, e diventerai un ragazzo perbene.

Chi non ha veduto la gioia di Pinocchio, a questa notizia tanto sospirata, non potrà mai figurarsela. Tutti i suoi amici e

[22] Cfr. cap. II, nota 5.
[23] *rifinito*: sfinito, senza forze.
[24] *i suoi portamenti*: la sua condotta.

compagni di scuola dovevano essere invitati per il giorno dopo a una gran colazione in casa della Fata, per festeggiare insieme il grande avvenimento: e la Fata aveva fatto preparare dugento tazze di caffè-e-latte e quattrocento panini imburrati di sotto e di sopra [25]. Quella giornata prometteva d'esser molto bella e molto allegra, ma...

Disgraziatamente, nella vita dei burattini c'è sempre un ma, che sciupa ogni cosa.

[25] *imburrati di sotto e di sopra*: spalmati di burro su entrambe le parti (nelle edizioni successive si legge la variante «*imburrati di dentro e di fuori*»: all'inizio del capitolo seguente si mette infatti in evidenza il lusso di questi panini «imburrati anche dalla parte di fuori»).

XXX.

Pinocchio, invece di diventare un ragazzo, parte di nascosto col suo amico Lucignolo per il «Paese dei balocchi».

Com'è naturale [1], Pinocchio chiese subito alla Fata il permesso di andare in giro per la città a fare gli inviti: e la Fata gli disse:

— Vai pure a invitare i tuoi compagni per la colazione di domani: ma ricordati di tornare a casa prima che faccia notte. Hai capito?

— Fra un'ora prometto di essere bell'e ritornato — replicò il burattino.

— Bada, Pinocchio! I ragazzi fanno presto a promettere: ma il più delle volte, fanno tardi a mantenere.

— Ma io non sono come gli altri: io, quando dico una cosa, la mantengo.

— Vedremo. Caso poi tu disubbedissi, tanto peggio per te.

— Perché?

— Perché i ragazzi che non danno retta ai consigli di chi ne sa più di loro, vanno sempre incontro a qualche disgrazia.

— E io l'ho provato! — disse Pinocchio — Ma ora non ci ricasco più!

— Vedremo se dici il vero.

Senza aggiungere altre parole, il burattino salutò la sua buona Fata, che era per lui una specie di mamma, e cantando e ballando [2], uscì fuori dalla porta di casa.

---

[1] Formula narrativa di transizione.

[2] *cantando e ballando:* locuzione da intendere non alla lettera, ma come espressione di un atteggiamento gioioso.

In poco più d'un'ora, tutti i suoi amici furono invitati. Alcuni accettarono subito e di gran cuore: altri, da principio, si fecero un po' pregare: ma quando seppero che i panini da inzuppare nel caffè-e-latte sarebbero stati imburrati anche dalla parte di fuori, finirono tutti col dire: «Verremo anche noi, per farti piacere».

Ora bisogna sapere che Pinocchio, fra i suoi amici e compagni di scuola, ne aveva uno prediletto e carissimo, il quale si chiamava di nome Romeo: ma tutti lo chiamavano col soprannome di *Lucignolo*, per via del suo personalino asciutto, secco e allampanato, tale e quale come il lucignolo nuovo di un lumino da notte.

Lucignolo era il ragazzo più svogliato e più birichino di tutta la scuola: ma Pinocchio gli voleva un gran bene. Difatti andò subito a cercarlo a casa, per invitarlo alla colazione, e non lo trovò: tornò una seconda volta, e Lucignolo non c'era: tornò una terza volta, e fece la strada invano.

Dove poterlo ripescare? Cerca di qua, cerca di là, finalmente lo vide nascosto sotto il portico di una casa di contadini.

– Che cosa fai costì? – gli domandò Pinocchio, avvicinandosi.

– Aspetto la mezzanotte, per partire...

– Dove vai?

– Lontano, lontano, lontano!

– E io che son venuto a cercarti a casa tre volte!...

– Che cosa volevi da me?

– Non sai il grande avvenimento? Non sai la fortuna che mi è toccata?

– Quale?

– Domani finisco di essere un burattino e divento un ragazzo come te, e come tutti gli altri.

– Buon pro ti faccia.

– Domani, dunque, ti aspetto a colazione a casa mia.

– Ma se ti dico che parto questa sera.

– A che ora?

– Fra poco.

– E dove vai?

– Vado ad abitare in un paese che è il più bel paese di questo mondo: una vera cuccagna [3]!...

– E come si chiama?

– Si chiama il «Paese dei balocchi». Perché non vieni anche tu?

– Io? No davvero!

– Hai torto, Pinocchio! Credilo a me che, se non vieni, te ne pentirai. Dove vuoi trovare un paese più sano per noialtri ragazzi? Lì non vi sono scuole: lì non vi sono maestri: lì non vi sono libri. In quel paese benedetto non si studia mai. Il giovedì non si fa scuola: e ogni settimana è composta di sei giovedì e di una domenica. Figurati che le vacanze dell'autunno cominciano col primo di gennaio e finiscono coll'ultimo di dicembre. Ecco un paese, come piace veramente a me! Ecco come dovrebbero essere tutti i paesi civili!...

– Ma come si passano le giornate nel «Paese dei balocchi?».

– Si passano baloccandosi e divertendosi [4] dalla mattina alla sera. La sera poi si va a letto, e la mattina dopo si ricomincia daccapo. Che te ne pare?

– Uhm!... – fece Pinocchio: e tentennò leggermente il capo, come dire: «è una vita che farei volentieri anch'io!».

– Dunque, vuoi partire con me? Sì o no? Risolviti.

– No, no, no e poi no. Oramai ho promesso alla mia buona Fata di diventare un ragazzo per bene, e voglio mantenere la promessa. Anzi, siccome vedo che il sole va sotto, così ti lascio subito e scappo via. Dunque addio e buon viaggio.

– Dove corri con tanta furia?

– A casa. La mia buona Fata vuole che ritorni prima di notte.

– Aspetta altri due minuti.

– Faccio troppo tardi.

– Due minuti soli.

– E se poi la Fata mi grida?

[3] *cuccagna*: luogo pieno di ogni delizia; un termine che prelude a *balocchi*, "divertimenti".

[4] *baloccandosi e divertendosi*: è ribadito il medesimo significato.

– Lasciala gridare. Quando avrà gridato ben bene, si cheterà – disse quella birba di Lucignolo.

– E come fai? Parti solo o in compagnia?

– Solo? Saremo più di cento ragazzi.

– E il viaggio lo fate a piedi?

– Fra poco passerà di qui il carro che mi deve prendere e condurre fin dentro ai confini di quel fortunatissimo paese.

– Che cosa pagherei che il carro passasse ora!...

– Perché?

– Per vedervi partire tutti insieme.

– Rimani qui un altro poco e ci vedrai.

– No, no: voglio ritornare a casa.

– Aspetta altri due minuti.

– Ho indugiato anche troppo. La Fata starà in pensiero per me.

– Povera Fata! Che ha paura forse che ti mangino i pipistrelli?

– Ma dunque, – soggiunse Pinocchio, – tu sei veramente sicuro che in quel paese non ci sono punte [5] scuole?...

– Neanche l'ombra.

– E nemmeno maestri?...

– Nemmen'uno.

– E non c'è mai l'obbligo di studiare?

– Mai, mai, mai!

– Che bel paese! – disse Pinocchio, sentendo venirsi l'acquolina in bocca. – Che bel paese! Io non ci sono stato mai, ma me lo figuro!...

– Perché non vieni anche tu?

– È inutile che tu mi tenti! Oramai ho promesso alla mia buona Fata di diventare un ragazzo di giudizio, e non voglio mancare alla parola.

– Dunque addio, e salutami tanto le scuole ginnasiali!... e anche quelle liceali, se le incontri per la strada.

– Addio Lucignolo: fai buon viaggio, divertiti e rammentati qualche volta degli amici.

---

[5] *non...punte*: non ci sono affatto.

Ciò detto, il burattino fece due passi in atto di andarsene: ma poi, fermandosi e voltandosi all'amico, gli domandò:

– Ma sei proprio sicuro che in quel paese tutte le settimane sieno [6] composte di sei giovedì e di una domenica?

– Sicurissimo.

– Ma lo sai di certo che le vacanze abbiano principio col primo di gennaio e finiscano coll'ultimo di dicembre?

– Di certissimo!

– Che bel paese! – ripeté Pinocchio, sputando dalla soverchia consolazione [7]. Poi, fatto un animo risoluto, soggiunse in fretta e furia:

– Dunque, addio davvero: e buon viaggio.

– Addio.

– Fra quanto partirete?

– Fra poco!

– Peccato! Se alla partenza mancasse un'ora sola, sarei quasi quasi capace di aspettare.

– E la Fata? ..

– Oramai ho fatto tardi!... E tornare a casa un'ora prima o un'ora dopo, è lo stesso.

– Povero Pinocchio! E se la Fata ti grida?

– Pazienza! La lascerò gridare. Quando avrà gridato ben bene, si cheterà [8].

Intanto si era già fatta notte e notte buia: quando a un tratto videro muoversi in lontananza un lumicino... e sentirono un suono di bùbboli [9] e uno squillo di trombetta, così piccolino e soffocato, che parve il sibilo di una zanzara!

– Eccolo! – gridò Lucignolo, rizzandosi in piedi.

– Chi è? – domandò sottovoce Pinocchio.

– È il carro che viene a prendermi. Dunque, vuoi venire, sì o no?

– Ma è proprio vero, domandò il burattino, che in quel paese i ragazzi non hanno mai l'obbligo di studiare? – Mai, mai, mai!

– Che bel paese!... che bel paese!... che bel paese!...

[6] *sieno:* siano.

[7] *sputando... consolazione:* l'espressione ribadisce quella «sentendo venirsi l'acquolina in bocca».

[8] Replica con le medesime parole di Lucignolo.

[9] *bùbboli:* sonagli.

XXXI.

Dopo cinque mesi di cuccagna Pinocchio, con sua gran maraviglia, sente spuntarsi un bel paio d'orecchie asinine, e diventa un ciuchino, con la coda e tutto.

Finalmente il carro arrivò: e arrivò senza fare il più piccolo rumore, perché le sue ruote erano fasciate di stoppa e di cenci.

Lo tiravano dodici pariglie [1] di ciuchini, tutti della medesima grandezza, ma di diverso pelame.

Alcuni erano bigi, altri bianchi, altri brizzolati a uso [2] pepe e sale, e altri rigati a grandi strisce gialle e turchine.

Ma la cosa più singolare era questa: che quelle dodici pariglie, ossia quei ventiquattro ciuchini, invece di essere ferrati come tutte le altre bestie da tiro o da soma, avevano in piedi [3] degli stivaletti da uomo di vacchetta [4] bianca.

E il conduttore del carro?...

Figuratevi un omino più largo che lungo, tenero e untuoso come una palla di burro, con un visino di melarosa [5], una bocchina che rideva sempre e una voce sottile e carezzevole, come quella d'un gatto che si raccomanda al buon cuore della padrona di casa.

Tutti i ragazzi, appena lo vedevano, ne restavano innnamorati e facevano a gara nel montare sul suo carro, per essere

---

[1] *pariglie*: coppie.

[2] *a uso*: a mo' di.

[3] *in piedi*: alle zampe.

[4] *vacchetta*: pelle di capra.

[5] *melarosa*: qualità di mela.

condotti da lui in quella vera cuccagna conosciuta nella carta geografica col seducente nome di «Paese de' balocchi».

Difatti il carro era già tutto pieno di ragazzetti fra gli otto e i dodici anni, ammonticchiati gli uni sugli altri, come tante acciughe nella salamoia [6]. Stavano male, stavano pigiati, non potevano quasi respirare: ma nessuno diceva *ohi!*, nessuno si lamentava. La consolazione di sapere che fra poche ore sarebbero giunti in un paese, dove non c'erano né libri, né scuole, né maestri, li rendeva così contenti e rassegnati, che non sentivano né i disagi, né gli strapazzi, né la fame, né la sete, né il sonno.

Appena che il carro si fu fermato, l'Omino si volse a Lucignolo e, con mille smorfie e mille maniere, gli domandò sorridendo:

– Dimmi, mio bel ragazzo, vuoi venire anche tu in quel fortunato paese?

– Sicuro che ci voglio venire.

– Ma ti avverto, carino mio, che nel carro non c'è più posto. Come vedi, è tutto pieno!...

– Pazienza! – replicò Lucignolo – se non c'è posto dentro, io mi adatterò a star seduto sulle stanghe del carro.

E spiccato un salto, montò a cavalcioni sulle stanghe.

– E tu, amor mio?... – disse l'omino volgendosi tutto complimentoso a Pinocchio – che intendi fare? Vieni con noi, o rimani?...

– Io rimango – rispose Pinocchio. – Io voglio tornarmene a casa mia: voglio studiare e voglio farmi onore alla scuola, come fanno tutti i ragazzi perbene:

– Buon pro ti faccia!

– Pinocchio! - disse allora Lucignolo. – Dài retta a me: vieni via con noi e staremo allegri.

– No, no, no!

– Vieni via con noi e staremo allegri – gridarono altre quattro voci di dentro al carro.

---

[6] *come tante acciughe in salamoia*: stipati in maniera di sagevole.

– Vieni con noi e staremo allegri – urlarono tutte insieme un centinaio di voci di dentro al carro.

– E se vengo con voi, che cosa dirà la mia buona Fata?

– Disse il burattino che cominciava a intenerirsi e a ciurlar nel manico [7].

– Non ti fasciare il capo con tante melanconie. Pensa che andiamo in un paese dove saremo padroni di fare il chiasso dalla mattina alla sera!

Pinocchio non rispose, ma fece un sospiro, poi fece un altro sospiro, poi un terzo sospiro; finalmente disse:

– Fatemi un po' di posto: voglio venire anch'io!...

– I posti sono tutti pieni – replicò l'Omino – ma per mostrarti quanto sei gradito, posso cederti il mio posto a cassetta [8].

– E voi?...

– E io farò la strada a piedi.

– No, davvero, che non lo permetto. Preferisco piuttosto di salire in groppa a qualcuno di questi ciuchini! – gridò Pinocchio.

Detto fatto, si avvicinò al ciuchino manritto [9] della prima pariglia e fece l'atto di volerlo cavalcare: ma la bestiola, voltandosi a secco [10], gli dette una gran musata nello stomaco e lo gettò a gambe all'aria.

Figuratevi la risatona impertinente e sgangherata di tutti quei ragazzi presenti alla scena.

Ma l'Omino non rise. Si accostò pieno di amorevolezza al ciuchino ribelle, e, facendo finta di dargli un bacio, gli staccò con un morso la metà dell'orecchio [11] destro.

Intanto Pinocchio, rizzatosi da terra tutto infuriato, schizzò con un salto sulla groppa di quel povero animale. E il salto fu così bello, che i ragazzi, smesso di ridere, cominciarono a urlare:

---

[7] *ciurlar nel manico*: venir meno alle promesse.

[8] *a cassetta*: sul sedile in alto della carrozza (riservato al cocchiere).

[9] *manritto* (agg., invece della locuz. avv. *a manritta*): quello sul lato destro.

[10] *a secco*: di scatto, improvvisamente.

[11] L'azione ripetuta dall' «Omino», per qunto ha di macabro e grottesco, conferisce alla scena un tono tutto surreale.

viva Pinocchio! e a fare una smanacciata di applausi, che non finivano più.

Quand'ecco che all'improvviso il ciuchino alzò tutte e due le gambe di dietro e, dando una fortissima sgropponata, scaraventò il povero burattino in mezzo alla strada sopra un monte di ghiaia.

Allora grandi risate daccapo: ma l'Omino, invece di ridere, si sentì preso da tanto amore per quell'irrequieto asinello che, con un bacio, gli portò via di netto la metà di quell'altro orecchio. Poi disse al burattino:

– Rimonta pure a cavallo e non aver paura. Quel ciuchino aveva qualche grillo per il capo: ma io gli ho detto due paroline negli orecchi e spero di averlo reso mansueto e ragionevole.

Pinocchio montò: e il carro cominciò a muoversi: ma nel tempo che i ciuchini galoppavano e che il carro correva sui ciottoli della via maestra, gli parve al burattino di sentire una voce sommessa e appena intelligibile, che gli disse:

– Povero gonzo[12]! Hai voluto fare a modo tuo, ma te ne pentirai!

Pinocchio, quasi impaurito, guardò di qua e di là, per conoscere da qual parte venissero queste parole; ma non vide nessuno: i ciuchini galoppavano, il carro correva, i ragazzi dentro al carro dormivano, Lucignolo russava come un ghiro e l'Omino, seduto a cassetta, canterellava fra i denti:

Tutti la notte dormono.

E io non dormo mai...

Fatto un altro mezzo chilometro, Pinocchio sentì la solita vocina fioca che gli disse:

– Tienilo a mente, grullerello[13]! I ragazzi che smettono di studiare e voltano le spalle ai libri, alle scuole e ai maestri, per darsi interamente ai balocchi e ai divertimenti, non possono far altro che una fine disgraziata!... Io lo so per prova!... E te lo posso dire! Verrà un giorno che piangerai anche tu, come oggi

---

[12] *gonzo*: credulone.
[13] *grullerello* (con tipico diminutivo toscano): sciocco.

piango io... ma allora sarà tardi!... A queste parole bisbigliate sommessamente, il burattino, spaventato più che mai, saltò giù dalla groppa della cavalcatura e andò a prendere il suo ciuchino per il muso.

E immaginatevi come restò, quando s'accorse che il suo ciuchino piangeva... e piangeva proprio come un ragazzo!

– Ehi, signor Omino – gridò allora Pinocchio al padrone del carro – sapete che cosa c'è di nuovo? Questo ciuchino piange.

– Lascialo piangere: riderà quando sarà sposo [14].

– Ma che forse gli avete insegnato anche a parlare?

– No: ha imparato da sé a borbottare qualche parola, essendo stato tre anni in una compagnia di cani ammaestrati.

– Povera bestia!...

– Via, via – disse l'Omino – non perdiamo il nostro tempo a veder piangere un ciuco. Rimonta a cavallo, e andiamo: la nottata è fresca e la strada è lunga.

Pinocchio obbedì senza rifiatare. Il carro riprese la sua corsa: e la mattina, sul far dell'alba, arrivarono felicemente nel «Paese dei balocchi».

Questo paese non somigliava a nessun altro paese del mondo. La sua popolazione era tutta composta di ragazzi. I più vecchi avevano 14 anni; i più giovani ne avevano 8 appena. Nelle strade, un'allegria, un chiasso, uno strillìo da levar di cervello! [15] Branchi di monelli da per tutto; chi giocava alle noci, chi alle piastrelle [16], chi alla palla, chi andava in velocipede, chi sopra un cavallino di legno; questi facevano a moscacieca, quegli altri si rincorrevano; altri, vestiti da pagliacci, mangiavano la stoppa accesa; chi recitava, chi cantava, chi faceva i salti mortali, chi si divertiva a camminare colle mani in terra e colle gambe in aria; chi mandava

---

[14] Ricalca un famoso adagio popolare.

[15] *levar di cervello*: far impazzire.

[16] Il gioco delle noci consiste nel centrare con una noce un mucchio di altre noci posto a una certa distanza; quello delle piastrelle, nel far scivolare sul terreno delle pietre piatte (*piastrelle*), facendo a gara perché superino un determinato traguardo.

il cerchio [17], chi passeggiava vestito da generale coll'elmo di foglio [18] e lo squadrone [19] di cartapesta; chi rideva, chi urlava, chi chiamava, chi batteva le mani, chi fischiava, chi rifaceva il verso alla gallina quando ha fatto l'ovo: insomma un tal pandemonio, un tal passeraio, un tal baccano indiavolato, da doversi mettere il cotone negli orecchi per non rimanere assorditi. Su tutte le piazze si vedevano teatrini di tela, affollati di ragazzi dalla mattina alla sera, e su tutti i muri delle case si leggevano scritte col carbone delle bellissime cose come queste: *viva i balocci!* (invece di *balocchi*); *non vogliamo più schole* (invece di *non vogliamo più scuole*); *abbasso Larin Metica* (invece di *l'aritmetica*) e altri fiori consimili [20].

Pinocchio, Lucignolo e tutti gli altri ragazzi che avevano fatto il viaggio coll'Omino, appena ebbero messo il piede dentro la città, si ficcarono subito in mezzo alla gran baraonda, e in pochi minuti, come è facile immaginarselo, diventarono gli amici di tutti. Chi più felice, chi più contento di loro?

In mezzo ai continui spassi e agli svariati divertimenti, le ore, i giorni, le settimane, passavano come tanti baleni.

– Oh! che bella vita! – diceva Pinocchio tutte le volte che per caso s'imbatteva in Lucignolo.

– Vedi, dunque, se avevo ragione? – ripigliava quest'ultimo. – E dire che tu non volevi partire! E pensare che t'eri messo in capo di tornartene a casa dalla tua Fata, per perdere il tempo a studiare!... Se oggi ti sei liberato dalla noia dei libri e delle scuole, lo devi a me, ai miei consigli, alle mie premure, ne convieni? Non vi sono che i veri amici che sappiano rendere di questi grandi favori.

– È vero, Lucignolo! Se oggi io sono un ragazzo veramente contento, è tutto merito tuo. E il maestro, invece, sai che cosa mi diceva, parlando di te? Mi diceva sempre: Non praticare quella birba di Lucignolo, perché Lucignolo è del male! ...

---

[17] *mandava il cerchio*: faceva rotolare con una bacchetta un cerchio di legno.

[18] *di foglio*: di carta.

[19] *squadrone*: sciabola.

[20] *fiori* (sinonimo: *perle*): frasi sgrammaticate.

– Povero maestro! – replicò l'altro tentennando il capo. – Lo so pur troppo che mi aveva a noia e che si divertiva sempre a calunniarmi, ma io sono generoso e gli perdono!

– Anima grande! – disse Pinocchio, abbracciando affettuosamente l'amico e dandogli un bacio in mezzo agli occhi.

Intanto era già da cinque mesi che durava questa bella cuccagna di baloccarsi e di divertirsi le giornate intere, senza mai vedere in faccia né un libro, né una scuola, quando una mattina Pinocchio, svegliandosi, ebbe, come si suol dire, una gran brutta sorpresa che lo messe proprio di mal'umore.

XXXII.

A Pinocchio gli [1] vengono gli orecchi di ciuco,
e poi diventa un ciuchino vero e comincia a ragliare.

– E questa sorpresa quale fu?

– Ve lo dirò io, miei cari e piccoli lettori [2]: la sorpresa fu che Pinocchio, svegliandosi, gli venne fatto naturalmente di grattarsi il capo; e nel grattarsi il capo si accorse... Indovinate un po' di che cosa si accorse?

Si accorse con sua grandissima maraviglia che gli orecchi gli erano cresciuti più d'un palmo.

Voi sapete che il burattino, fin dalla nascita, aveva gli orecchi piccini piccini: tanto piccini che, a occhio nudo, non si vedevano neppure! Immaginatevi dunque come restò, quando si potè accorgere che i suoi orecchi, durante la notte, erano così allungati che parevano due spazzole di padule [3].

Andò subito in cerca di uno specchio, per potersi vedere: ma non trovando uno specchio, empì d'acqua la catinella del lavamano [4] e, specchiandovisi dentro, vide quel che non avrebbe mai voluto vedere: vide, cioè, la sua immagine abbellita di un magnifico paio di orecchi asinini.

Lascio pensare a voi il dolore, la vergogna, e la disperazione del povero Pinocchio!

---

[1] *gli*: pleonastico.
[2] Si rivolge, come nel primo capitolo, ai più diretti destinatari del racconto.
[3] *spazzole di padule*: spazzole fatte di canne palustri.
[4] *la catinella del lavamano*: bacinella in cui si versa l'acqua per lavare le mani.

Cominciò a piangere, a strillare, a battere la testa nel muro: ma quanto più si disperava, e più i suoi orecchi crescevano, crescevano, crescevano e diventavano pelosi verso la cima.

Al rumore di quelle grida acutissime, entrò nella stanza una bella Marmottina [5], che abitava il piano di sopra: la quale, vedendo il burattino in così grandi smanie, gli domandò premurosamente:

– Che cos'hai mio caro casigliano[6]?

– Sono malato, Marmottina mia, molto malato... e malato d'una malattia che mi fa paura! Te ne intendi tu del polso[7]?

– Un pochino.

– Senti dunque se per caso avessi la febbre.

La Marmottina alzò la zampa destra davanti: e, dopo aver tastato il polso a Pinocchio, gli disse sospirando:

– Amico mio, mi dispiace doverti dare una cattiva notizia!...

– Cioè?

– Tu hai una gran brutta febbre!....

– E che febbre sarebbe?

– È la febbre del somaro.

– Non la capisco questa febbre! – rispose il burattino, che l'aveva pur troppo capita.

– Allora te la spiegherò io – soggiunse la Marmottina.

– Sappi dunque che fra due o tre ore tu non sarai più né un burattino, né un ragazzo...

– E che cosa sarò?

– Fra due o tre ore, tu diventerai un ciuchino vero e proprio, come quelli che tirano il carretto e che portano i cavoli e l'insalata al mercato.

– Oh! povero me! povero me! - gridò Pinocchio pigliandosi con le mani tutt'e due gli orecchi, e tirandoli e strappandoli rabbiosamente, come se fossero gli orecchi di un altro.

---

[5] *Marmottina*: «altro animale magico-parlante» (Porta).

[6] *casigliano*: vicino di casa.

[7] *Te...polso*: «sentir il polso», cioè controllare la frequenza dei battiti cardiaci, tastando il polso.

– Caro mio – replicò la Marmottina per consolarlo, – che cosa ci vuoi tu fare? Oramai è destino. Oramai è scritto nei decreti della sapienza, che tutti quei ragazzi svogliati che, pigliando a noia i libri, le scuole e i maestri, passano le loro giornate in balocchi, in giochi e in divertimenti, debbano finire prima o poi col trasformarsi in tanti piccoli somari.

– Ma davvero è proprio così? – domandò singhiozzando il burattino.

– Pur troppo è così! E ora i pianti sono inutili. Bisognava pensarci prima!

– Ma la colpa non è mia: la colpa, credilo, Marmottina, è tutta di Lucignolo!...

– E chi è questo Lucignolo?

– Un mio compagno di scuola. Io volevo tornare a casa: io volevo essere ubbidiente: io volevo seguitare a studiare e a farmi onore... ma Lucignolo mi disse: «Perché vuoi tu annoiarti a studiare? Perché vuoi andare alla scuola?... Vieni piuttosto con me, nel paese dei balocchi: lì non studieremo più: lì ci divertiremo dalla mattina alla sera e staremo sempre allegri».

– E perché seguisti il consiglio di quel falso amico? Di quel cattivo compagno?

– Perché?... Perché, Marmottina mia, io sono un burattino senza giudizio... e senza cuore. Oh! se avessi avuto un zinzino [8] di cuore, non avrei mai abbandonata quella buona Fata, che mi voleva bene come una mamma e che aveva fatto tanto per me!... e a quest'ora non sarei più un burattino... ma sarei invece un ragazzino ammodo, come ce n'è tanti! Ma se incontro Lucignolo, guai a lui! Gliene voglio dire un sacco e una sporta! [9]...

E fece l'atto di volere uscire. Ma quando fu sulla porta, si ricordò che aveva gli orecchi d'asino, e vergognandosi di mostrarli in pubblico, che cosa inventò? Prese un gran berretto di cotone, e, ficcatoselo in testa, se lo ingozzò [10] fin sotto la punta del naso.

[8] *zinzino*: pizzico.
[9] Cfr. cap. II, nota 2.
[10] *ingozzò*: sistemò in maniera che non si muovesse.

Poi uscì: e si dette a cercare Lucignolo da per tutto. Lo cercò nelle strade, nelle piazze, nei teatrini, in ogni luogo: ma non lo trovò. Ne chiese notizia a quanti incontrò per la via, ma nessuno l'aveva veduto.

Allora andò a cercarlo a casa: e, arrivato alla porta, bussò.

– Chi è? – domandò Lucignolo di dentro.

– Sono io! – rispose il burattino.

– Aspetta un poco, e ti aprirò.

Dopo mezz'ora la porta si aprì: e figuratevi come restò Pinocchio quando, entrando nella stanza, vide il suo amico Lucignolo con un gran berretto di cotone in testa, che gli scendeva fin sotto il naso.

Alla vista di quel berretto Pinocchio sentì quasi consolarsi e pensò subito dentro di sé:

– Che l'amico sia malato della mia medesima malattia? Che abbia anche lui la febbre del ciuchino?...

E facendo finta di non essersi accorto di nulla, gli domandò sorridendo:

– Come stai, mio caro Lucignolo?

– Benissimo: come un topo in una forma di cacio parmigiano [11].

– Lo dici proprio sul serio?

– E perché dovrei dirti una bugia?

– Scusami, amico: e allora perché tieni in capo codesto berretto di cotone che ti cuopre [12] tutti gli orecchi?

– Me l'ha ordinato il medico, perché mi son fatto male a questo ginocchio. E tu, caro burattino, perché porti codesto berretto di cotone ingozzato fin sotto il naso?

– Me l'ha ordinato il medico, perché mi sono sbucciato un piede.

– Oh! povero Pinocchio!...

– Oh! povero Lucignolo! [13]...

---

[11] Prevale sempre la vivacità del dettato popolare.

[12] *cuopre* = copre.

[13] «La scena, tutta giocata su un veloce dialogo botta e risposta di interrogative e esclamative, potrebbe titolarsi: «dei berretti degli equivoci» (Porta).

A queste parole tenne dietro un lunghissimo silenzio, durante il quale, i due amici non fecero altro che guardarsi fra loro in atto di canzonatura.

Finalmente il burattino, con una vocina melliflua e flautata, disse al suo compagno:

– Levami una curiosità, mio caro Lucignolo: hai mai sofferto di malattia agli orecchi?

– Mai!... E tu?

– Mai! Per altro da questa mattina in poi ho un orecchio, che mi fa spasimare.

– Ho lo stesso male anch'io.

– Anche tu?.. E qual è l'orecchio che ti duole?

– Tutti e due. E tu?

– Tutti e due. Che sia la medesima malattia?

– Ho paura di sì.

– Vuoi farmi un piacere, Lucignolo?

– Volentieri! Con tutto il cuore.

– Mi fai vedere i tuoi orecchi?

– Perché no? Ma prima voglio vedere i tuoi, caro Pinocchio.

– No: il primo devi essere tu.

– No, carino! Prima tu, e dopo io!

– Ebbene – disse allora il burattino – facciamo un patto da buoni amici.

– Sentiamo il patto.

– Leviamoci tutti e due il berretto nello stesso tempo: accetti?

– Accetto.

– Dunque attenti!

E Pinocchio cominciò a contare a voce alta:

– Uno! Due! Tre!

Alla parola tre! i due ragazzi presero i loro berretti di capo e li gettarono in aria.

E allora avvenne una scena, che parrebbe incredibile, se non fosse vera. Avvenne, cioè, che Pinocchio e Lucignolo, quando si videro colpiti tutti e due dalla medesima disgrazia, invece di restar mortificati e dolenti, cominciarono ad ammiccarsi [14] i loro

---

[14] *ammiccarsi*: far cenni d'intesa (indicando gli orecchi).

orecchi smisuratamente cresciuti, e dopo mille sguaiataggini finirono col dare in una bella risata. E risero, risero, risero da doversi reggere il corpo: se non che, sul più bello del ridere, Lucignolo tutt'a un tratto si chetò, e barcollando e cambiando di colore, disse all'amico:

– Aiuto, aiuto, Pinocchio!

– Che cos'hai?

– Ohimé! Non mi riesce più di star ritto sulle gambe.

– Non mi riesce più neanche a me – gridò Pinocchio, piangendo e traballando.

E mentre dicevano così, si piegarono tutti e due carponi [15] a terra e, camminando con le mani e coi piedi, cominciarono a girare e a correre per la stanza. E intanto che correvano, i loro bracci diventarono zampe, i loro visi si allungarono e diventarono musi e le loro schiene si cuoprirono di un pelame grigiolino chiaro, brizzolato di nero.

Ma il momento più brutto per que' due sciagurati sapete quando fu? Il momento più brutto e più umiliante fu quello quando sentirono spuntarsi di dietro la coda. Vinti allora dalla vergogna e dal dolore, si provarono a piangere e a lamentarsi del loro destino.

Non l'avessero mai fatto! Invece di gemiti e di lamenti, mandavano fuori dei ragli asinini; e ragliando sonoramente, facevano tutti e due in coro: *j-a, j-a, j-a.*

– Aprite! Sono l'Omino, sono il conduttore del carro che vi portò in questo paese. Aprite subito, o guai a voi!

[15] *carponi*: sulle ginocchia.

XXXIII.

Diventato un ciuchino vero, è portato a vendere,
e lo compra il Direttore di una compagnia di pagliacci
per insegnarli a ballare e a saltare i cerchi: ma una sera
azzoppisce [1] *e allora lo ricompra un altro,*
per far con la sua pelle un tamburo.

Vedendo che la porta non si apriva, l'Omino la spalancò con un violentissimo calcio: ed entrato che fu nella stanza, disse col suo solito risolino a Pinocchio e a Lucignolo:

– Bravi ragazzi! Avete ragliato bene, e io vi ho subito riconosciuti alla voce. E per questo eccomi qui.

A tali parole, i due ciuchini rimasero mogi mogi [2], colla testa giù, con gli orecchi bassi e con la coda fra le gambe.

Da principio l'Omino li lisciò, li accarezzò, li palpeggiò, poi, tirata fuori la striglia [3], cominciò a strigliarli per bene. E quando a furia di strigliarli, li ebbe fatti lustri come due specchi, allora messe loro la cavezza e li condusse sulla piazza del mercato, con la speranza di venderli e di beccarsi [4] un discreto guadagno.

E i compratori, difatti, non si fecero aspettare.

Lucignolo fu comprato da un contadino, a cui era morto il somaro il giorno avanti, e Pinocchio fu venduto al direttore di una compagnia di pagliacci e di saltatori di corda, il quale

---

[1] *azzoppisce* (incoativo): comincia a diventar zoppo.
[2] *mogi mogi*: tristi tristi.
[3] *striglia*: spazzola.
[4] *beccarsi*: procurarsi.

lo comprò per ammaestrarlo e per farlo poi saltare e ballare insieme con le altre bestie della compagnia.

E ora avete capito, miei piccoli lettori, qual'era il bel mestiere che faceva l'Omino? Questo brutto mostriciattolo, che aveva una fisonomia tutta latte e miele [5], andava di tanto in tanto con un carro a girare per il mondo: strada facendo raccoglieva con promesse e con moine [6] tutti i ragazzi svogliati, che avevano a noia i libri e le scuole: e dopo averli caricati sul suo carro, li conduceva nel «Paese dei balocchi» perché passassero tutto il loro tempo in giochi, in chiassate e in divertimenti. Quando poi quei poveri ragazzi illusi, a furia di baloccarsi sempre e di non studiar mai, diventavano tanti ciuchini, allora tutto allegro e contento s'impadroniva di loro e li portava a vendere sulle fiere e su i mercati. E così in pochi anni aveva fatto fior di quattrini ed era diventato milionario.

Quel che accadesse di Lucignolo, non lo so: so, per altro, che Pinocchio andò incontro fin dai primi giorni a una vita durissima e strapazzata.

Quando fu condotto nella stalla, il nuovo padrone gli empì [7] la greppia di paglia: ma Pinocchio, dopo averne assaggiata una boccata, la risputò.

Allora il padrone, brontolando, gli empì la greppia di fieno: ma neppure il fieno gli piacque.

– Ah! non ti piace neppure il fieno? – gridò il padrone imbizzito [8]. – Lascia fare, ciuchino bello, che se hai dei capricci per il capo, penserò io a levarteli!...

E a titolo di correzione [9], gli affibbiò subito una frustata nelle gambe.

Pinocchio, dal gran dolore, cominciò a piangere e a ragliare, e ragliando, disse:

– *J-a, j-a*, la paglia non la posso digerire!...

[5] *fisonomia* (= fisionomia) *tutta latte e miele*: aspetto e comportamento gentile (ma falso).
[6] *moine*: lusinghe.
[7] *empì*: riempì.
[8] *imbizzito*: indispettito.
[9] *a titolo di correzione*: per modificare il suo comportamento.

– Allora mangia il fieno! – replicò il padrone, che intendeva benissimo il dialetto asinino [10].

– J-a, j-a, il fieno mi fa dolere il corpo!... Pretenderesti, dunque, che un somaro, par tuo, lo dovessi mantenere a petti di pollo e cappone in galantina? – soggiunse il padrone arrabbiandosi sempre più e affibbiandogli una seconda frustata.

A quella seconda frustata Pinocchio, per prudenza, si chetò subito e non disse altro.

Intanto la stalla fu chiusa e Pinocchio rimase solo: e perché erano molte ore che non aveva mangiato, cominciò a sbadigliare dal grande appetito. E, sbadigliando, spalancava una bocca che pareva un forno.

Alla fine, non trovando altro nella greppia, si rassegnò a masticare un po' di fieno: e dopo averlo masticato ben bene, chiuse gli occhi e lo tirò giù [11].

– Questo fieno non è cattivo – poi disse dentro di sé – ma quanto sarebbe stato meglio che avessi continuato a studiare!... A quest'ora, invece di fieno, potrei mangiare un cantuccio [12] di pan fresco e una bella fetta di salame! Pazienza!...

La mattina dopo, svegliandosi, cercò subito nella greppia un altro po' di fieno; ma non lo trovò, perché l'aveva mangiato tutto nella notte.

Allora prese una boccata di paglia tritata; ma in quel mentre che la masticava si dové accorgere che il sapore della paglia tritata non somigliava punto né al risotto alla milanese né ai maccheroni alla napoletana.

– Pazienza! – ripeté, continuando a masticare. – Che almeno la mia disgrazia possa servir di lezione a tutti i ragazzi disobbedienti e che non hanno voglia di studiare. Pazienza!... pazienza!...

– Pazienza un corno! [13] – urlò il padrone, entrando in quel

[10] *il dialetto asinino*: la «lingua» degli asini, cioè il ragliare caratteristico di questi animali.
[11] *chiuse...giù*: lo inghiottì, anche se malvolentieri.
[12] *cantuccio*: pezzo.
[13] La «ripresa del termine *pazienza* da parte del padrone, quasi una

momento nella stalla. – Credi forse, mio bel ciuchino, ch'io ti abbia comprato unicamente per darti da bere e da mangiare? Io ti ho comprato perché tu lavori e perché tu mi faccia guadagnare molti quattrini. Su, dunque, da bravo! Vieni con me nel Circo e là ti insegnerò a saltare i cerchi, a rompere col capo le botti di foglio [14] e a ballare il valzer e la polca, stando ritto sulle gambe di dietro.

Il povero Pinocchio, per amore o per forza, dové imparare tutte queste bellissime cose; ma, per impararle, gli ci vollero tre mesi di lezioni e molte frustate da levare il pelo.

Venne finalmente il giorno, in cui il suo padrone poté annunziare uno spettacolo veramente straordinario. I cartelloni di vario colore, attaccati alle cantonate [15] delle strade, dicevano così:

GRANDE SPETTACOLO DI GALA

Per questa sera

avranno luogo i soliti salti
ED ESERCIZI SORPRENDENTI
ESEGUITI DA TUTTI GLI ARTISTI

e da tutti i cavalli d'ambo i sessi della compagnia
e più
sarà presentato per la prima volta
il famoso

CIUCHINO PINOCCHIO
detto

LA STELLA DELLA DANZA

---

risposta in contrappunto al soliloquio di Pinocchio» è per l'efficacia del parlato, «ben rimarcata dalla volgarità dell'interiezione aggiuntiva un corno!» (Porta).

[14] *foglio*: carta.
[15] *cantonate*: angoli.

Quella sera, come potete figurarvelo, un'ora prima che cominciasse lo spettacolo, il teatro era pieno stipato.

Non si trovava più né una poltrona, né un posto distinto [16], né un palco, nemmeno a pagarlo a peso d'oro. Le gradinate del Circo formicolavano di bambini, di bambine e di ragazzi di tutte le età, che avevano la febbre addosso per la smania di veder ballare il famoso ciuchino Pinocchio. Finita la prima parte dello spettacolo, il direttore della compagnia, vestito in giubba nera, calzoni bianchi a coscia [17] e stivaloni di pelle fin sopra ai ginocchi, si presentò all'affollatissimo pubblico e, fatto un grande inchino, principiò con molta solennità il seguente spropositato [18] discorso:

«Rispettabile pubblico, cavalieri e dame!

«L'umile sottoscritto essendo di passaggio per questa illustre metropolitana [19], ho voluto procrearmi [20] l'onore nonché il piacere di presentare a questo intelligente e cospicuo uditorio un celebre ciuchino, che ebbe già l'onore di ballare al cospetto di Sua Maestà l'imperatore di tutte le Corti principali d'Europa [21].

«E col ringraziandoli [22], aiutateci della [23] vostra animatrice presenza e compatiteci! [24]».

Questo discorso fu accolto da molte risate e da molti applausi; ma gli applausi raddoppiarono e diventarono una specie di

---

[16] *distinto*: a sedere, in prima fila.

[17] *a coscia*: alla zuava.

[18] *spropositato*: sgrammaticato.

[19] *metropolitana* (agg. per sost.): metropoli (enfatico).

[20] *ho voluto procrearmi*: il costrutto è anacolutico (per l'improvviso cambio di soggetto) e *procrearmi* sta per *procurarmi*.

[21] «L'incoerenza del discorso è principalmente storico-politica, e consiste nell'assegnare ad un solo fantomatico imperatore il trono delle *principali Corti d'Europa*» (Porta).

[22] *col ringraziandoli*: «*per ringraziandoli*. Si noti il doppio strafalcione, tipico dell'ignorante che vuole parlare forbito: la preposizione posta a reggere il gerundio, invece dell'infinito, e il pronome enclitico *-li* (usato sull'esempio del singolare di riguardo: *ringraziandola* in sostituzione di quello di seconda persona *-vi*» (Porta).

[23] *della*: con la.

[24] *compatiteci*: comprendete la situazione in cui ci troviamo.

157

uragano alla comparsa del ciuchino Pinocchio in mezzo al Circo. Egli era tutto agghindato a festa. Aveva una briglia nuova di pelle lustra, con fibbie e borchie d'ottone; due camelie bianche agli orecchi: la criniera divisa in tanti riccioli legati con fiocchettini di seta rossa; una gran fascia d'oro e d'argento attraverso alla vita, e la coda tutta intrecciata con nastri di velluto amarante e celeste. Era insomma un ciuchino da innamorare!

Il direttore, nel presentarlo al pubblico, aggiunse queste poche parole[25]:

«Miei rispettabili auditori! Non starò qui a farvi menzogna delle grandi difficoltà da me soppressate per comprendere e soggiogare questo mammifero, mentre pascolava liberamente di montagna in montagna nelle pianure della zona torrida. Osservate, vi prego, quanta selvaggina trasudi da' suoi occhi, conciossiaché essendo riusciti vanitosi tutti i mezzi per addomesticarlo al vivere dei quadrupedi civili, ho dovuto più volte ricorrere all'affabile dialetto della frusta. Ma ogni mia gentilezza, invece di farmi da lui benvolere, me ne ha maggiormente cattivato l'animo. Io però, seguendo il sistema di Galles, trovai nel suo cranio una piccola cartagine ossea, che la stessa Facoltà medicea di Parigi riconobbe esser quello il bulbo rigeneratore dei capelli e della danza pirrica. E per questo io lo

---

[25] *poche parole* (ironico): si tratta invece di un discorso più *spropositato* del primo, dove spiccano: il latinismo d'esibizione *auditori* per *uditori; far menzogna* anziché *far menzione; soppressate* anziché *sorpassate,* superate; *comprendere* per *catturare;* il ciuchino designato come *mammifero,* con quanto segue; *selvaggina* per *natura selvaggia;* la congiunzione pletorica *conciossiaché; vanitosi* per *vani;* il malizioso *dialetto* (linguaggio) *della frusta;* l'ironico *gentilezza; cattivato* per *incattivito;* la satira dei medici (con il *sistema di Galles,* probabile allusione al sistema anatomico di Galeno; la *Facoltà medicea,* cioè di medicina, con un sottile equivoco intorno al nome della famiglia de' Medici, signori di Firenze; e, oltre al *bulbo rigeneratore dei capelli,* con cui Collodi demonizza la propria calvizie, la *danza pìrrica* dove *danza* designa i capelli riccioluti, con accezione rara, e però si sovrappone al più comune significato, da cui scaturisce la dichiarazione: «E per questo lo volli ammaestrare nel ballo...»); *cognato* per *commiato;* i contraddittòri *diurno spettacolo di domani sera* e *le ore 11 antimeridiane del pomeriggio;* l'aberrante *apotesi* per *ipotesi;* il ridicolo *tempo piovoso* che *minacciasse acqua; posticipato* anziché *anticipato.*

volli ammaestrare nel ballo, nonché nei relativi salti dei cerchi e delle botti foderate di foglio. Ammiratelo! E poi giudicatelo! Prima però di prendere cognato da voi, permettete, o signori, che io vi inviti al diurno spettacolo di domani sera: ma nell'apoteosi che il tempo piovoso minacciasse acqua, allora lo spettacolo, invece di domani sera, sarà posticipato a domattina, alle ore 11 antimeridiane del pomeriggio».

E qui il direttore fece un'altra profondissima riverenza: quindi volgendosi a Pinocchio, gli disse:

– Animo Pinocchio! Avanti di dar principio ai vostri esercizi, salutate questo rispettabile pubblico, cavalieri, dame e ragazzi!

Pinocchio, ubbidiente, piegò subito i due ginocchi davanti fino a terra, e rimase inginocchiato fino a tanto che il direttore, schioccando la frusta, non gli gridò:

– Al passo!

Allora il ciuchino si rizzò sulle quattro gambe e cominciò a girare intorno al Circo, camminando sempre di passo.

Dopo un poco il direttore gridò:

– Al trotto! - e Pinocchio, ubbidiente al comando, cambiò il passo in trotto.

– Al galoppo! – e Pinocchio staccò il galoppo.

– Alla carriera! – e Pinocchio si dette a correre di gran carriera [26]. Ma in quella che correva come un bàrbero, [27] il direttore, alzando il braccio in aria, scaricò un colpo di pistola.

A quel colpo il ciuchino, fingendosi ferito, cadde disteso nel Circo, come se fosse moribondo davvero.

Rizzatosi da terra in mezzo a uno scoppio di applausi, d'urli e di battimani, che andavano alle stelle, gli venne fatto naturalmente di alzare la testa e di guardare in su ... e guardando, vide in un palco una bella signora, che aveva al collo una grossa collana d'oro, dalla quale pendeva un medaglione. Nel medaglione c'era dipinto il ritratto d'un burattino.

– Quel ritratto è il mio!... Quella signora è la Fata! – disse

[26] *carriera*: andatura veloce.
[27] *bàrbero*: cavallo da corsa.

dentro di sé Pinocchio, riconoscendola subito: e lasciandosi vincere dalla gran contentezza, si provò a gridare:

– O Fatina mia! Oh! Fatina mia! ...

Ma invece di queste parole, gli uscì dalla gola un raglio così sonoro e prolungato, che fece ridere tutti gli spettatori e segnatamente tutti i ragazzi che erano in teatro.

Allora il direttore, per insegnargli e per fargli intendere che non è buona creanza mettersi a ragliare in faccia al pubblico, gli diè col manico della frusta una bacchettata sul naso.

Il povero ciuchino, tirato fuori un palmo di lingua, durò a leccarsi il naso almeno cinque minuti, credendo forse così di rasciugarsi il dolore che aveva sentito.

Ma quale fu la sua disperazione quando, voltandosi in su una seconda volta, vide che il palco era vuoto e che la Fata era sparita!...

Si sentì come morire: gli occhi gli si empirono di lacrime e cominciò a piangere dirottamente. Nessuno però se ne accorse, e, meno degli altri, il direttore, il quale, anzi, schioccando la frusta, gridò:

– Da bravo, Pinocchio! Ora farete vedere a questi signori con quanta grazia sapete saltare i cerchi.

Pinocchio si provò due o tre volte: ma ogni volta che arrivava davanti al cerchio, invece di attraversarlo, ci passava più comodamente di sotto. Alla fine spiccò un salto e l'attraversò: ma le gambe di dietro gli rimasero disgraziatamente impigliate nel cerchio: motivo per cui ricadde in terra dall'altra parte tutto in un fascio.

Quando si rizzò, era azzoppito, e a malapena poté ritornare alla scuderia.

– Fuori Pinocchio! Vogliamo il ciuchino! Fuori il ciuchino!

– gridavano i ragazzi dalla platea, impietositi e commossi al tristissimo caso.

Ma il ciuchino per quella sera non si fece più rivedere.

La mattina dopo il veterinario, ossia il medico delle bestie, quando l'ebbe visitato, dichiarò che sarebbe rimasto zoppo per tutta la vita.

Allora il direttore disse al suo garzone di stalla:

– Che vuoi tu che mi faccia d'un somaro zoppo? Sarebbe un

mangiapane a ufo [28]. Portalo dunque in piazza e rivendilo.

Arrivati in piazza, trovarono subito il compratore, il quale domandò al garzone di stalla:

– Quanto vuoi di codesto ciuchino zoppo?

– Venti lire.

– Io ti do venti soldi. Non credere che io lo compri per servirmene: lo compro unicamente per la sua pelle. Vedo che ha la pelle molto dura, e con la sua pelle voglio fare un tamburo per la banda musicale del mio paese.

Lascio pensare a voi, ragazzi, il bel piacere che fu per il povero Pinocchio, quando sentì che era destinato a diventare un tamburo!

Fatto sta che il compratore, appena pagati i venti soldi, condusse il ciuchino sulla riva del mare; e messogli un sasso al collo e legatolo per una zampa con una fune che teneva in mano, gli dié improvvisamente uno spintone e lo gettò nell'acqua.

Pinocchio, con quel macigno al collo, andò subito a fondo: e il compratore, tenendo sempre stretta in mano la fune, si pose a sedere sopra uno scoglio, aspettando che il ciuchino avesse tutto il tempo di morire affogato, per poi levargli la pelle.

[28] *a ufo*: a sbafo, senza pagare (tipico fiorentinismo).

XXXIV.

Pinocchio, gettato in mare, è mangiato dai pesci e ritorna
ad essere un burattino come prima:
ma mentre nuota per salvarsi,
è ingoiato dal terribile Pesce-cane.

Dopo cinquanta minuti che il ciuchino era sott'acqua, il compratore disse, discorrendo da sé solo:

– A quest'ora il mio povero ciuchino zoppo deve essere bell'affogato. Ritiriamolo dunque su, e facciamo con la sua pelle questo bel tamburo.

E cominciò a tirare la fune, con la quale lo aveva legato per una gamba: e tira, tira, tira, alla fine vide apparire a fior d'acqua... indovinate? Invece di un ciuchino morto, vide apparire a fior d'acqua un burattino vivo, che scodinzolava come un'anguilla.

Vedendo quel burattino di legno, il pover'uomo credé di sognare e rimase lì intontito, a bocca aperta e con gli occhi fuori della testa.

Riavutosi un poco dal suo primo stupore, disse piangendo e balbettando:

– E il ciuchino che ho gettato nel mare dov'è?...

– Quel ciuchino son io! - rispose il burattino, ridendo.

– Tu?

– Io.

– Ah! Mariuolo! [1] Pretenderesti forse di burlarti di me?

– Burlarmi di voi? Tutt'altro, caro padrone: io vi parlo sul serio.

---

[1] *mariuolo*: ladruncolo.

– Ma come mai tu, che poco fa eri un ciuchino, ora, stando nell'acqua, sei diventato un burattino di legno?...

– Sarà effetto dell'acqua del mare. Il mare ne fa di questi scherzi.

– Bada burattino, bada!... Non credere di divertirti alle mie spalle! Guai a te se mi scappa la pazienza!...

– Ebbene, padrone; volete sapere tutta la vera storia? Scioglietemi questa gamba e io ve la racconterò.

Quel buon pasticcione del compratore, curioso di conoscere la vera storia, gli sciolse subito il nodo della fune che lo teneva legato: e allora Pinocchio, trovandosi libero come un uccello nell'aria, prese a dirgli così:

– Sappiate dunque che io ero un burattino di legno, come sono oggi: ma mi trovavo a tocco e non tocco [2] di diventare un ragazzo, come in questo mondo ce n'è tanti: se non che, per la mia poca voglia di studiare e per dar retta ai cattivi compagni, scappai di casa... e un bel giorno, svegliandomi, mi trovai cambiato in un somaro con tanto d'orecchi... e con tanto di coda!... Che vergogna fu quella per me!... Una vergogna, caro padrone, che Sant'Antonio benedetto non la faccia provare neppure a voi! Portato a vendere sul mercato degli asini, fui comprato dal direttore di una compagnia equestre, il quale si messe in capo di far di me un gran ballerino e un gran saltatore di cerchi: ma una sera, durante lo spettacolo, feci in teatro una brutta cascata e rimasi zoppo da tutt'e due le gambe. Allora il direttore, non sapendo che cosa farsi d'un asino zoppo, mi mandò a rivendere, e voi mi avete comprato!...

– Pur troppo! E ti ho pagato venti soldi. O ora chi mi rende i miei poveri venti soldi?

– E perché mi avete comprato? Voi mi avete comprato per fare con la mia pelle un tamburo!... Un tamburo!...

– Pur troppo! E ora dove troverò un'altra pelle?...

– Non vi date alla disperazione, padrone. Dei ciuchini ce n'è tanti in questo mondo!

– Dimmi, monello impertinente: e la tua storia finisce qui?

– No, rispose il burattino, ci sono altre due parole, e poi

[2] «Trovarsi a tocco e non tocco»: essere sul punto di.

è finita. Dopo avermi comprato, mi avete condotto in questo luogo per uccidermi, ma poi, cedendo a un sentimento pietoso di umanità, avete preferito di legarmi un sasso al collo e di gettarmi in fondo al mare. Questo sentimento di delicatezza vi fa grandissimo onore e io ve ne serberò eterna riconoscenza. Per altro, caro padrone, questa volta avete fatto i vostri conti senza la Fata [3]...

– E chi è questa Fata?

– È la mia mamma, la quale somiglia a tutte quelle buone mamme, che vogliono un gran bene ai loro ragazzi, e non li perdono mai d'occhio, e li assistono amorosamente in ogni disgrazia, anche quando questi ragazzi, per le loro scapataggini [4] e per i loro cattivi portamenti, meriterebbero di essere abbandonati e lasciati in balìa a se stessi. Dicevo, dunque, che la buona Fata, appena mi vide in pericolo di affogare, mandò subito intorno a me un branco infinito di pesci, i quali, credendomi davvero un ciuchino bell'e morto, cominciarono a mangiarmi! E che bocconi che facevano! Non avrei mai creduto che i pesci fossero più ghiotti anche dei ragazzi!... Chi mi mangiò gli orecchi, chi mi mangiò il muso, chi il collo e la criniera, chi la pelle delle zampe, chi la pelliccia della schiena... e, fra gli altri, vi fu un pesciolino così garbato, che si degnò perfino di mangiarmi la coda.

– Da oggi in poi – disse il compratore inorridito – faccio giuro[5] di non assaggiar più carne di pesce. Mi dispiacerebbe troppo di aprire una triglia o un nasello fritto e di trovargli in corpo una coda di ciuco!

– Io la penso come voi – replicò il burattino, ridendo. Del resto, dovete sapere che quando i pesci ebbero finito di mangiarmi tutta quella buccia asinina [6], che mi cuopriva dalla testa ai piedi, arrivarono, com'è naturale, all'osso... o per dir meglio, arrivarono al legno, perché, come vedete, io sono tutto di legno durissimo. Ma dopo dati i primi morsi, quei pesci ghiottoni si

---

[3] «Fare i conti senza l'oste» è frase proverbiale, qui adeguata al contesto.

[4] *scapataggini*: comportamenti dissennati.

[5] *giuro* (sost.): giuramento.

[6] *buccia asinina*: pelle d'asino.

accorsero subito che il legno non era ciccia per i loro denti [7] e, nauseati da questo cibo indigesto, se ne andarono chi in qua, chi in là, senza voltarsi nemmeno a dirmi grazie. Ed eccovi raccontato come qualmente [8] voi, tirando su la fune, avete trovato un burattino vivo, invece d'un ciuchino morto.

– Io mi rido [9] della tua storia – gridò il compratore imbestialito. – Io so che ho speso venti soldi per comprarti, e rivoglio i miei quattrini. Sai che cosa farò? Ti porterò daccapo al mercato, e ti rivenderò a peso di legno stagionato per accendere il fuoco nel caminetto.

– Rivendetemi pure: io sono contento – disse Pinocchio.

Ma nel dir così, fece un bel salto e schizzò in mezzo all'acqua.

E nuotando allegramente e allontanandosi dalla spiaggia, gridava al povero compratore:

– Addio, padrone; se avete bisogno di una pelle per fare un tamburo, ricordatevi di me.

E poi rideva e seguitava a nuotare: e dopo un poco, rivoltandosi indietro, urlava più forte:

– Addio, padrone: se avete bisogno di un po' di legno stagionato, per accendere il camminetto, ricordatevi di me.

Fatto sta che in un batter d'occhio si era tanto allontanato, che non si vedeva quasi più: ossia, si vedeva solamente sulla superficie del mare un puntolino nero, che di tanto in tanto rizzava le gambe fuori dell'acqua e faceva capriole e salti, come un delfino in vena di buon'umore.

Intanto che Pinocchio nuotava alla ventura [10], vide in mezzo al mare uno scoglio che pareva di marmo bianco: e su in cima allo scoglio, una bella caprettina che belava amorosamente e gli faceva segno di avvicinarsi.

La cosa più singolare era questa: che la lana della caprettina, invece di esser bianca, o nera, o pallata [11] di più colori,

---

[7] *non... denti*: non era carne da poter mangiare.

[8] *come qualmente* (locuz. avv.): per quale ragione.

[9] *mi rido* (forma intransitiva pronominale): mi faccio una risata, cioè «non me ne importa nulla».

[10] *alla ventura*: senza mèta.

[11] *pallata*: a chiazze.

come quella delle altre capre, era invece turchina, ma d'un color turchino sfolgorante, che rammentava moltissimo i capelli della bella Bambina.

Lascio pensare a voi se il cuore del povero Pinocchio cominciò a battere più forte! Raddoppiando di forza e di energia, si diè a nuotare verso lo scoglio bianco: ed era già a mezza strada, quand'ecco uscir fuori dell'acqua e venirgli incontro un'orribile testa di mostro marino, con la bocca spalancata, come una voragine, e tre filari di zanne [12], che avrebbero fatto paura anche a vederle dipinte.

E sapete chi era quel mostro marino?

Quel mostro marino era né più né meno [13] quel gigantesco Pesce-cane, ricordato più volte in questa storia, e che per le sue stragi e per la sua insaziabile voracità, veniva soprannominato «l'Attila [14] dei pesci e dei pescatori».

Immaginatevi lo spavento del povero Pinocchio, alla vista del mostro. Cercò di scansarlo, di cambiare strada: cercò di fuggire: ma quella immensa bocca spalancata gli veniva sempre incontro con la velocità di una saetta [15].

– Affrettati, Pinocchio, per carità! – gridava belando la bella caprettina.

E Pinocchio nuotava disperatamente con le braccia, col petto, con le gambe e coi piedi.

– Corri, Pinocchio, perché il mostro si avvicina!...

E Pinocchio, raccogliendo tutte le sue forze, raddoppiava di lena nella corsa.

– Bada, Pinocchio!... Il mostro ti raggiunge!... Eccolo!... Eccolo!... Affrettati per carità, o sei perduto!...

E Pinocchio a nuotar più lesto che mai, e via, e via, e via, come anderebbe una palla di fucile. E già era presso allo scoglio, e già la caprettina, spenzolandosi tutta sul mare, gli porgeva le sue zampine davanti per aiutarlo a uscire dell'acqua!...

---

[12] *filari di zanne*: file di denti.

[13] *né più né meno*: esattamente.

[14] *Attila*: allude al re degli Unni (sec. V d. C.), famoso per la sua crudeltà («quell'Attila che fu flagello in terra», scrive Dante, *Inferno*, XII 134).

[15] *saetta*: fulmine.

Ma oramai era tardi! Il mostro lo aveva raggiunto: il mostro, tirando il fiato a sé, si bevve il povero burattino, come avrebbe bevuto un uovo di gallina: e lo inghiottì con tanta violenza e con tanta avidità, che Pinocchio, cascando giù in corpo al Pesce-cane, batté un colpo così screanzato, da restarne sbalordito [16] per un quarto d'ora.

Quando ritornò in sé da quello sbigottimento, non sapeva raccapezzarsi, nemmeno lui, in che mondo si fosse. Intorno a sé c'era da ogni parte un gran buio: ma un buio così nero e profondo, che gli pareva di essere entrato col capo in un calamaio pieno d'inchiostro. Stette in ascolto e non sentì nessun rumore: solamente di tanto in tanto sentiva battersi nel viso alcune grandi buffate [17] di vento. Da principio non sapeva intendere da dove quel vento uscisse: ma poi capì che usciva dai polmoni del mostro. Perché bisogna sapere che il Pesce-cane soffriva moltissimo d'asma, e quando respirava, pareva proprio che tirasse la tramontana.

Pinocchio, sulle prime, s'ingegnò di farsi un poco di coraggio: ma quand'ebbe la prova e la riprova di trovarsi chiuso in corpo al mostro marino, allora cominciò a piangere e a strillare: e piangendo diceva:

– Aiuto! Aiuto! Oh povero me! Non c'è nessuno che venga a salvarmi?

– Chi vuoi che ti salvi, disgraziato?... – disse in quel buio una vociaccia fessa [18] di chitarra scordata.

– Chi è che parla così? - domandò Pinocchio, sentendosi gelare dallo spavento.

– Sono io! Sono un povero Tonno, inghiottito dal Pesce-cane insieme con te. E tu che pesce sei?

– Io non ho che veder nulla [19] coi pesci. Io sono un burat-tino.

---

[16] *sbalordito*: stordito, privo di sensi.
[17] *buffate*: soffi improvvisi.
[18] *fessa*: ròca.
[19] L'espressione «non aver nulla che vedere» equivale all 'altra «non aver nulla da spartire».

– E allora, se non sei un pesce, perché ti sei fatto inghiottire dal mostro?

– Non son'io, che mi son fatto inghiottire: gli è lui che mi ha inghiottito! Ed ora che cosa dobbiamo fare qui al buio?...

– Rassegnarsi e aspettare che il Pesce-cane ci abbia digeriti tutti e due!...

– Ma io non voglio esser digerito! – urlò Pinocchio, ricominciando a piangere.

– Neppure io vorrei esser digerito – soggiunse il Tonno – ma io sono abbastanza filosofo [20] e mi consolo pensando che, quando si nasce Tonni, c'è più dignità a morir sott'acqua che sott'olio!...

– Scioccherie! [21] – gridò Pinocchio.

– La mia è un'opinione - replicò il Tonno – e le opinioni, come dicono i Tonni politici, vanno rispettate!

– Insomma... io voglio andarmene di qui... io voglio fuggire...

– Fuggi, se ti riesce!...

– È molto grosso questo Pesce-cane che ci ha inghiottiti? – domandò il burattino.

– Figurati che il suo corpo è più lungo di un chilometro, senza contare la coda.

Nel tempo che facevano questa conversazione al buio, parve a Pinocchio di veder lontan lontano una specie di chiarore.

– Che cosa sarà mai quel lumicino lontano lontano? – disse Pinocchio.

– Sarà qualche nostro compagno di sventura, che aspetterà come noi il momento di esser digerito!...

– Voglio andare a trovarlo. Non potrebbe darsi il caso che fosse qualche vecchio pesce capace d'insegnarmi la strada per fuggire?

– Io te l'auguro di cuore, caro burattino.

– Addio, Tonno.

– Addio, burattino: e buona fortuna.

– Dove ci rivedremo?...

– Chi lo sa? ... È meglio non pensarci neppure!

[20] *filosofo*: ragionevole.
[21] *scioccherie*: sciocchezze.

XXXV.

Pinocchio ritrova in corpo al Pesce-cane... chi ritrova?
Leggete questo capitolo e lo saprete.

Pinocchio, appena che ebbe detto addio al suo buon amico Tonno, si mosse brancolando in mezzo a quel buio, e cominciò a camminare a tastoni dentro il corpo del Pesce-cane, avviandosi un passo dietro l'altro verso quel piccolo chiarore che vedeva baluginare lontano lontano.

E nel camminare sentì che i suoi piedi sguazzavano in una pozzanghera d'acqua grassa e sdrucciolona [1], e quell'acqua sapeva di un odore così acuto di pesce fritto, che gli pareva d'essere a mezza quaresima [2].

E più andava avanti, e più il chiarore si faceva rilucente e distinto: finché, cammina cammina, alla fine arrivò: e quando fu arrivato... che cosa trovò? Ve lo do a indovinare in mille: trovò una piccola tavola apparecchiata, con sopra una candela accesa infilata in una bottiglia di cristallo verde, e seduto a tavola un vecchiettino tutto bianco, come se fosse di neve o di panna montata, il quale se ne stava lì biascicando [3] alcuni pesciolini vivi, ma tanto vivi, che alle volte, mentre li mangiava, gli scappavano perfino di bocca.

A quella vista il povero Pinocchio ebbe un'allegrezza così

---

[1] *sdrucciolona*: scivolosa (appunto perché grassa).

[2] *essere a mezza quaresima*: nel periodo quaresimale, prima della Pasqua, l'osservanza cattolica prescrive di cibarsi di pesce, e non di carne; il paragone del Collodi enfatizza tale pratica.

[3] *biascicando*: biascicare è detto di chi, senza denti, mangia molto lentamente, tenendo a lungo il cibo in bocca.

grande e così inaspettata, che ci mancò un ette [4] non cadesse in delirio. Voleva ridere, voleva piangere, voleva dire un monte di cose; e invece mugolava confusamente e balbettava delle parole tronche e sconclusionate. Finalmente gli riuscì di cacciar fuori un grido di gioia e, spalancando le braccia e gettandosi al collo del vecchietto, cominciò a urlare:

– Oh! Babbino mio! Finalmente vi ho ritrovato! Ora poi non vi lascio più, mai più, mai più!

– Dunque gli occhi mi dicono il vero? – replicò il vecchietto stropicciandosi gli occhi. – Dunque tu se' proprio il mi' caro Pinocchio? [5]

– Sì, sì, sono io, proprio io! E voi mi avete digià perdonato, non è vero? Oh! babbino mio, come siete buono!... e pensare che io, invece... Oh! ma se sapeste quante disgrazie mi son piovute sul capo e quante cose mi sono andate traverso! Figuratevi che il giorno che voi, povero babbino, col vendere la vostra casacca, mi compraste l'Abbecedario per andare a scuola, io scappai a vedere i burattini, e il burattinaio mi voleva mettere sul fuoco perché gli cocessi il montone arrosto, che [6] fu quello poi che mi dette cinque monete d'oro, perché le portassi a voi, ma io trovai la Volpe e il Gatto, che mi condussero all'Osteria del Gambero Rosso, dove mangiarono come lupi, e partito solo di notte incontrai gli assassini che si messero [7] a corrermi dietro, e io via, e loro dietro, e io via e loro sempre dietro, e io via, finché m'impiccarono a un ramo della Quercia Grande, dovecché la Bella Bambina dai capelli turchini mi mandò a prendere con una carrozzina, e i medici, quando m'ebbero visitato, dissero subito: «Se non è morto, è segno che è sempre vivo», e allora mi scappò detto una bugia, e il naso cominciò a crescermi e non mi passava più dalla porta di camera, motivo per cui andai con la Volpe e col Gatto a sotterrare le quattro monete d'oro, che una l'avevo spesa all'Osteria, e il pappagallo si messe a

----

[4] *un ètte*: un nonnulla.

[5] *tu se'...il mi'*: il parlato di Geppetto ostenta i tratti tipici del toscano-fiorentino.

[6] *che*: riferito al burattinaio.

[7] *messero*: misero.

ridere, e viceversa di due mila monete non trovai più nulla, la quale [8] il Giudice quando seppe che ero stato derubato, mi fece subito mettere in prigione, per dare una soddisfazione 'ai ladri, di dove, col venir via, vidi un bel grappolo d'uva in un campo, che rimasi preso alla tagliola e il contadino di santa ragione mi messe il collare da cane perché facessi la guardia al pollaio, che [9] riconobbe la mia innocenza e mi lasciò andare, e il serpente, colla coda che gli fumava, cominciò a ridere e gli si strappò una vena sul petto, e così ritornai alla Casa della Bella Bambina, che era morta, e il Colombo vedendo che piangevo mi disse: «Ho visto il tu'babbo che si fabbricava una barchettina per venirti a cercare» e io gli dissi: «Oh, se avessi l'ali anch'io» e lui mi disse: «Vuoi venire dal tuo babbo?» e io gli dissi: «Magari! Ma chi mi ci portare» lui mi disse: «Ti ci porto io» e io gli dissi: «Come?» e lui mi disse: «Montami sulla groppa» e così abbiamo volato tutta la notte, e poi la mattina tutti i pescatori che guardavano verso il mare mi dissero: «C'è un pover'omo in una barchetta che sta per affogare» e io da lontano vi riconobbi subito, perché me lo diceva il core, e vi feci segno di tornare alla spiaggia [10]...

– Ti riconobbi anch'io – disse Geppetto – e sarei volentieri tornato alla spiaggia: ma come fare? Il mare era grosso e un cavallone m'arrovesciò [11] la barchetta. Allora un orribile Pescecane che era lì vicino, appena che m'ebbe visto nell'acqua corse subito verso di me, e tirata fuori la lingua, mi prese pari pari, e m'inghiottì come un tortellino di Bologna [12].

– E quant'è che siete chiuso qui dentro? – domandò Pinocchio.

[8] *la quale* (nesso con valore consecutivo): in séguito.

[9] *che*: da riferire al contadino.

[10] Il concitatissimo discorso di Pinocchio, costituito tutto da un unico periodo, riassume la vicenda narrata ai capp. IX-XXIII.

[11] *un cavallone m'arrovesciò*: un'ondata impetuosa mi rovesciò sottosopra.

[12] *come un tortellino di Bologna*: il paragone, che insiste ancora sul cibo, fa riferimento a un famoso ed eccellente piatto romagnolo tipico.

– Da quel giorno in poi, saranno oramai due anni: due anni, Pinocchio mio, che mi son parsi due secoli!

– E come avete fatto a campare? E dove avete trovata la candela? E i fiammiferi per accenderla, chi ve li ha dati?

– Ora ti racconterò tutto. Devi dunque sapere che quella medesima burrasca, che rovesciò la mia barchetta, fece anche affondare un bastimento mercantile. I marinai si salvarono tutti, ma il bastimento colò a fondo e il solito Pesceca-ne, che quel giorno aveva un appetito eccellente, dopo avere inghiottito me, inghiottì anche il bastimento...

– Come? Lo inghiottì tutto in un boccone?... – domandò Pinocchio maravigliato.

– Tutto in un boccone: e risputò solamente l'albero mae-stro, perché gli era rimasto fra i denti come una lisca. Per mia gran fortuna, quel bastimento era carico di carne conservata in cassette di stagno, di biscotto, ossia di pane abbrostolito, di bottiglie di vino, d'uva secca, di cacio, di caffè, di zucchero, di candele steariche e di scatole di fiammiferi di cera. Con tutta questa grazia di Dio ho potuto campare due anni: ma oggi sono agli ultimi sgoccioli: oggi nella dispensa non c'è più nulla, e questa candela, che vedi accesa, è l'ultima candela che mi sia rimasta...

– E dopo?...

– E dopo, caro mio, rimarremo tutt'è due al buio.

– Allora, babbino mio, – disse Pinocchio, – non c'è tempo da perdere. Bisogna pensar subito a fuggire...

– A fuggire? ... E come?

– Scappando dalla bocca del Pesce-cane e gettandosi a nuoto in mare.

– Tu parli bene: ma io, caro Pinocchio, non so nuotare.

– E che importa? ... Voi mi monterete a cavalluccio sulle spalle e io, che sono un buon nuotatore, vi porterò sano e salvo fino alla spiaggia.

– Illusioni, ragazzo mio! – replicò Geppetto, scotendo il capo e sorridendo malinconicamente. – Ti par egli possibile che un burattino, alto appena un metro, come sei tu, possa aver tanta forza da portarmi a nuoto sulle spalle?

– Provatevi e vedrete! A ogni modo se sarà scritto in cielo

che dobbiamo morire, avremo almeno la gran consolazione di morire abbracciati insieme.

E senza dir altro, Pinocchio prese in mano la candela e andando avanti per far lume, disse al suo babbo:

– Venite dietro a me, e non abbiate paura.

E così camminarono un bel pezzo, e traversarono tutto il corpo e tutto lo stomaco del Pesce-cane. Ma giunti che furono al punto dove cominciava la gran gola del mostro, pensarono bene di fermarsi per dare un'occhiata e cogliere il momento opportuno alla fuga.

Ora bisogna sapere che il Pesce-cane, essendo molto vecchio e soffrendo d'asma, e di palpitazione di cuore, era costretto a dormire a bocca aperta: per cui Pinocchio, affacciandosi il principio della gola e guardando in su, poté vedere al di fuori di quell'enorme bocca spalancata un bel pezzo di cielo stellato e un bellissimo lume di luna.

– Questo è il vero momento di scappare – bisbigliò allora voltandosi al suo babbo. – Il Pesce-cane dorme come un ghiro: il mare è tranquillo e ci si vede come di giorno. Venite dunque, babbino, dietro a me e fra poco saremo salvi.

Detto fatto, salirono su per la gola del mostro marino e, arrivati in quell'immensa bocca, cominciarono a camminare in punta di piedi sulla lingua; una lingua così larga e così lunga, che pareva il viottolone d'un giardino. E già stavano lì lì per fare il gran salto e per gettarsi a nuoto nel mare, quando, sul più bello, il Pesce-cane starnutì, e nello starnutire, dette uno scossone così violento, che Pinocchio e Geppetto si trovarono rimbalzati all'indietro e scaraventati nuovamente in fondo allo stomaco del mostro...

Nel grand'urto della caduta la candela si spense, e padre e figliuolo rimasero al buio.

– E ora?... – domandò Pinocchio facendosi serio.

– Ora, ragazzo mio, siamo bell'e perduti.

– Perché perduti? Datemi la mano, babbino, e badate di non sdrucciolare! [13]...

---

[13] *sdrucciolare*: scivolare.

– Dove mi conduci?

– Dobbiamo ritentare la fuga. Venite con me e non abbiate paura.

Ciò detto, Pinocchio prese il suo babbo per la mano: e camminando sempre in punta di piedi, risalirono insieme su per la gola del mostro: poi traversarono tutta la lingua e scavalcarono i tre filari di denti. Prima però di fare il gran salto, il burattino disse al suo babbo:

– Montatemi a cavalluccio sulle spalle e abbracciatemi forte forte. Al resto ci penso io.

Appena Geppetto si fu accomodato per bene sulle spalle del figliuolo, Pinocchio, sicurissimo del fatto suo, si gettò nell'acqua e cominciò a nuotare. Il mare era tranquillo come un olio [14]: la luna splendeva in tutto il suo chiarore e il Pescecane seguitava a dormire di un sonno così profondo, che non l'avrebbe svegliato nemmeno una cannonata.

[14] *tranquillo...olio*: cfr. cap. XXIV, nota 3.

XXXVI.

*Finalmente Pinocchio cessa d'essere un burattino
e diventa un ragazzo.*

Mentre Pinocchio nuotava alla svelta per raggiungere
la spiaggia, si accòrse che il suo babbo, il quale gli stava a
cavalluccio sulle spalle e aveva le gambe mezze nell'acqua,
tremava fitto fitto [1], come se al pover'uomo gli battesse la
febbre terzana [2].

Tremava di freddo o di paura? Chi lo sa? ... Forse un po'
dell'uno e un po' dell'altra. Ma Pinocchio, credendo che quel
tremito fosse di paura, gli disse per confortarlo:

– Coraggio, babbo! Fra pochi minuti arriveremo a terra e
saremo salvi.

– Ma dov'è questa spiaggia benedetta? – domandò il vecchietto diventando sempre più inquieto, e appuntando gli occhi,
come fanno i sarti quando infilano l'ago. – Eccomi qui che guardo
da tutte le parti, e non vedo altro che cielo e mare.

– Ma io vedo anche la spiaggia – disse il burattino. – Per
vostra regola io sono come i gatti: ci vedo meglio di notte che
di giorno.

Il povero Pinocchio faceva finta di essere di buon umore: ma
invece... Invece cominciava a scoraggirsi [3]: le forze gli scemavano [4] il suo respiro diventava grosso e affannoso... insomma
non ne poteva più, e la spiaggia era sempre lontana.

---

[1] *fitto fitto* (avv.): di continuo.
[2] *gli battesse la febbre terzana*: fosse affètto da malaria.
[3] *scoraggirsi*: scoraggiarsi.
[4] *scemavano*: si dimezzavano.

Nuotò finché ebbe fiato: poi si voltò col capo verso Geppetto, e disse con parole interrotte:

– Babbo mio... aiutatemi..., perché io muoio!...

E padre e figliuolo erano oramai sul punto di affogare, quando udirono una voce di chitarra scordata [5] che disse:

– Chi è che muore?

– Sono io e il mio povero babbo!...

– Questa voce la riconosco! Tu sei Pinocchio!...

– Preciso [6]: e tu?

– Io sono il Tonno, il tuo compagno di prigionia in corpo al Pesce-cane.

– E come hai fatto a scappare?

– Ho imitato il tuo esempio. Tu sei quello che mi hai insegnato la strada, e dopo te sono fuggito anch'io.

– Tonno mio, tu càpiti proprio a tempo! Ti prego per l'amore che porti ai Tonnini tuoi figliuoli: aiutaci, o siamo perduti.

– Volentieri e con tutto il cuore. Attaccàtevi tutti e due alla mia coda, e lasciatevi guidare. In quattro minuti vi condurrò alla riva.

Geppetto e Pinocchio, come potete immaginarvelo, accettarono subito l'invito: ma invece di attaccarsi alla coda, giudicarono più comodo di mettersi addirittura a sedere sulla groppa del Tonno.

– Siamo troppo pesi? – gli domandò Pinocchio.

– Pesi? Neanche per ombra [7]; mi par di avere addosso due gusci di conchiglia – rispose il Tonno, il quale era di una corporatura così grossa e robusta, da parere un vitello di due anni.

Giunti alla riva, Pinocchio saltò a terra il primo, per aiutare il suo babbo a fare altrettanto: poi si voltò al Tonno, e con voce commossa gli disse:

– Amico mio, tu hai salvato il mio babbo! Dunque non ho

---

[5] *voce di chitarra scordata*: voce strìdula.

[6] *Preciso* (avv.): sono proprio io.

[7] *Pesi? Neanche per ombra* (cfr. «neanche per sogno»): pesanti, nient'affatto.

parole per ringraziarti abbastanza! Permetti almeno che ti dia un bacio in segno di riconoscenza eterna!...

Il Tonno cacciò il muso fuori dell'acqua, e Pinocchio, piegandosi coi ginocchi a terra, gli posò un affettuosissimo bacio sulla bocca. A questo tratto di spontanea e vivissima tenerezza, il povero Tonno, che non c'era avvézzo, si sentì talmente commosso, che vergognandosi a farsi veder piangere come un bambino, ricacciò il capo sott'acqua e sparì.

Intanto s'era fatto giorno.

Allora Pinocchio, offrendo il suo braccio a Geppetto, che aveva appena il fiato di reggersi in piedi, gli disse:

– Appoggiatevi pure al mio braccio, caro babbino, e andiamo. Cammineremo pian pianino come le formicole, e quando saremo stanchi ci riposeremo lungo la via.

– E dove dobbiamo andare? – domandò Geppetto.

– In cerca di una casa o d'una capanna, dove ci diano per carità un boccon di pane e un po' di paglia che ci serva da letto.

Non avevano ancora fatti cento passi, che videro seduti sul ciglione della strada due brutti ceffi, i quali stavano lì in atto di chiedere l'elemosina.

Erano il Gatto e la Volpe: ma non si riconoscevano più da quelli d'una volta. Figuratevi che il Gatto, a furia di fingersi cieco, aveva finito coll'acciecare davvero: e la Volpe invecchiata, intignata e tutta perduta da una parte [8], non aveva più nemmeno la coda. Così è. Quella trista ladracchiola [9], caduta nella più squallida miseria, si trovò costretta un bel giorno a vendere perfino la sua bellissima coda a un merciaio ambulante, che la comprò per farsene uno scacciamosche.

– O Pinocchio, – gridò la Volpe con voce di piagnisteo fai un po' di carità a questi due poveri infermi.

– Infermi! – ripeté il Gatto.

---

[8] *intignata*: senza più pelo; *e tutta perduta da una parte*: e mezza paralizzata.

[9] «Il sost. "collodiano" *ladracchiola* viene qui connotato più negativamente dalla presenza dell'agg. *trista*» (Porta).

– Addio, mascherine! [10] – rispose il burattino. – Mi avete ingannato una volta, e ora non mi ripigliate più.

– Credilo, Pinocchio, che oggi siamo poveri e disgraziati davvero!

– Davvero! – ripeté il Gatto.

– Se siete poveri, ve lo meritate. Ricordatevi del proverbio che dice: «I quattrini rubati non fanno mai frutto». Addio, mascherine!

– Abbi compassione di noi!...

– Di noi!...

– Addio, mascherine! Ricordatevi del proverbio che dice: «La farina del diavolo va tutta in crusca».

– Non ci abbandonare!...

– ...are! – ripeté il Gatto.

– Addio mascherine! Ricordatevi del proverbio che dice: «Chi ruba il mantello al suo prossimo, per il solito muore senza camicia».

E così dicendo, Pinocchio e Geppetto seguitarono tranquillamente per la loro strada: finché, fatti altri cento passi, videro in fondo a una viottola in mezzo ai campi una bella capanna tutta di paglia, e col tetto coperto d'émbrici [11] e di mattoni.

– Quella capanna dev'essere abitata da qualcuno – disse Pinocchio. – Andiamo là, e bussiamo.

Difatti andarono, e bussarono alla porta.

– Chi è? – disse una vocina di dentro [12].

– Siamo un povero babbo e un povero figliuolo, senza pane e senza tetto - rispose il burattino.

– Girate la chiave, e la porta si aprirà – disse la solita vocina.

Pinocchio girò la chiave, e la porta si aprì. Appena entrati dentro, guardarono di qua, guardarono di là, e non videro nessuno.

---

[10] *mascherine*: bugiardi.
[11] *émbrici*: tègole.
[12] *di dentro*: dall'interno.

– O il padrone della capanna dov'è? – disse Pinocchio maravigliato.

– Eccomi quassù!

Babbo e figliuolo si voltarono subito verso il soffitto, e videro
sopra un travicello il Grillo-parlante.

– Oh! mio caro Grillino – disse Pinocchio salutandolo garbatamente.

– Ora mi chiami il «Tuo caro Grillino» non è vero? Ma ti
rammenti di quando, per cacciarmi di casa tua, mi tirasti un
manico di martello?... [13]

– Hai ragione, Grillino! Scaccia anche me... tira anche a me
un manico di martello: ma abbi pietà del mio povero babbo...

– Io avrò pietà del babbo e anche del figliuolo: ma ho voluto
rammentarti il brutto garbo [14] ricevuto, per insegnarti che in
questo mondo, quando si può, bisogna mostrarsi cortesi con
tutti, se vogliamo esser ricambiati con pari cortesia nei giorni
del bisogno.

– Hai ragione, Grillino, hai ragione da vendere e io terrò a
mente la lezione che mi hai data. Ma mi dici come hai fatto a
comprarti questa bella capanna?

– Questa capanna mi è stata regalata ieri da una graziosa
capra, che aveva la lana d'un bellissimo colore turchino.

– E la capra dov'è andata? – domandò Pinocchio, con vivissima curiosità.

– Non lo so.

– E quando ritornerà?...

– Non ritornerà mai. Ieri è partita tutta afflitta, e, belando,
pareva che dicesse: «Povero Pinocchio... oramai non lo rivedrò
più... il Pesce-cane a quest'ora l'avrà bell'e divorato!...».

– Ha detto proprio così?... Dunque era lei!... era lei!... era la
mia cara Fatina!... – cominciò a urlare Pinocchio, singhiozzando
e piangendo dirottamente.

Quand'ebbe pianto ben bene, si rasciugò gli occhi e, preparato un buon lettino di paglia, vi distese sopra il vecchio Geppetto.
Poi domandò al Grillo-parlante:

[13] Vedi cap. IV, p. 29.
[14] *brutto garbo*: sgarbo.

– Dimmi Grillino: dove potrei trovare un bicchiere di latte per il mio povero babbo?

– Tre campi distante di qui c'è l'ortolano Giangio, che tiene le mucche. Va' da lui e troverai il latte che cerchi.

Pinocchio andò di corsa a casa dell'ortolano Giangio: ma l'ortolano gli disse:

– Quanto ne [15] vuoi del latte?

– Ne voglio un bicchiere pieno.

– Un bicchiere di latte costa un soldo. Comincia intanto dal darmi il soldo.

– Non ho nemmeno un centesimo – rispose Pinocchio tutto mortificato e dolente.

– Male, burattino mio! – replicò l'ortolano. – Se tu non hai nemmeno un centesimo, io non ho nemmeno un dito di latte.

– Pazienza! – disse Pinocchio e fece l'atto di andarsene.

– Aspetta un po' – disse Giangio. – Fra te e me ci possiamo accomodare. Vuoi adattarti a girare il *bindolo*?

– Che cos'è il bindolo?

– Gli è quell'ordigno di legno, che serve a tirar su l'acqua dalla cisterna, per annaffiare gli ortaggi.

– Mi proverò...

– Dunque, tirami su cento secchie d'acqua e io ti regalerò in compenso un bicchiere di latte.

– Sta bene.

Giangio condusse il burattino nell'orto e gl'insegnò la maniera di girare il bindolo. Pinocchio si pose subito al lavoro; ma prima di aver tirato su le cento secchie d'acqua era tutto grondante di sudore dalla testa ai piedi. Una fatica a quel modo non l'aveva durata mai.

– Finora questa fatica di girare il bindolo, – disse l'ortolano, – l'ho fatta fare al mio ciuchino: ma oggi quel povero animale è in fin di vita.

– Mi menate [16] a vederlo? – disse Pinocchio.

– Volentieri.

---

[15] *ne*: pleonastico.
[16] *menate*: portate.

Appena che Pinocchio fu entrato nella stalla vide un bel ciuchino disteso sulla paglia, rifinito dalla fame e dal troppo lavoro. Quando l'ebbe guardato fisso fisso, disse dentro di sé, turbandosi:

– Eppure quel ciuchino lo conosco! Non mi è fisonomia nuova!

E chinatosi fino a lui, gli domandò in dialetto asinino: [17]

– Chi sei?

A questa domanda, il ciuchino aprì gli occhi moribondi, e rispose balbettando nel medesimo dialetto:

– Sono Lu.... ci.... gno.... lo....

E dopo richiuse gli occhi e spirò.

– Oh! povero Lucignolo! – disse Pinocchio a mezza voce: e presa una manciata di paglia, si rasciugò una lacrima che gli colava giù per il viso.

– Ti commovi tanto per un asino che non ti costa nulla? – disse l'ortolano. – Che cosa dovrei far'io che lo comprai a quattrini contanti?

– Vi dirò... era un mio amico!...

– Tuo amico?

– Un mio compagno di scuola!...

– Come?! – urlò Giangio dando in una gran risata. – Come?! Avevi dei somari [18] per compagni di scuola?... Figuriamoci i belli studi che devi aver fatto!...

Il burattino, sentendosi mortificato da quelle parole, non rispose: ma prese il suo bicchiere di latte quasi caldo, e se ne tornò alla capanna.

E da quel giorno in poi, continuò più di cinque mesi a levarsi ogni mattina, prima dell'alba, per andare a girare il bindolo, e guadagnare così quel bicchiere di latte, che faceva tanto bene alla salute cagionosa [19] del suo babbo. Né si contentò di questo: perché a tempo avanzato [20], imparò a fabbricare anche i canestri

---

[17] *in dialetto asinino* (cfr. cap. XXXIII, nota 10): ragliando.

[18] *somari*: è ormai scoperto il doppio senso del termine.

[19] *cagionosa*: cagionevole.

[20] *a tempo avanzato* (locuzione equivalente a quella *a tempo perso*): nel tempo che gli restava libero.

e i panieri di giunco: e coi quattrini che ne ricavava, provvedeva con moltissimo giudizio a tutte le spese giornaliere. Fra le altre cose, costruì da se stesso un elegante carrettino per condurre a spasso il suo babbo alle belle giornate, e per fargli prendere una boccata d'aria.

Nelle veglie poi della sera, si esercitava a leggere e a scrivere. Aveva comprato nel vicino paese [21] per pochi centesimi un grosso libro, al quale mancavano il frontespizio e l'indice, e con quello faceva la sua lettura. Quanto allo scrivere, si serviva di un fuscello temperato a uso penna [22]; e non avendo né calamaio né inchiostro, lo intingeva in una boccettina ripiena di sugo di more e di ciliege.

Fatto sta che, con la sua buona volontà d'ingegnarsi, di lavorare e di tirarsi avanti, non solo era riuscito a mantenere quasi agiatamente il suo genitore sempre malaticcio, ma per di più aveva potuto mettere da parte anche quaranta soldi per comprarsi un vestitino nuovo.

Una mattina disse a suo padre:

– Vado qui al mercato vicino, a comprarmi una giacchettina, un berrettino e un paio di scarpe. Quando tornerò a casa – soggiunse ridendo – sarò vestito così bene, che mi scambierete per un gran signore.

E uscito di casa, cominciò a correre tutto allegro e contento. Quando a un tratto sentì chiamarsi per nome: e voltandosi, vide una bella lumaca che sbucava fuori dalla siepe.

– Non mi riconosci? – disse la Lumaca.

– Mi pare e non mi pare...

– Non ti ricordi di quella Lumaca, che stava per cameriera [23] con la Fata dai capelli turchini? Non ti rammenti di quella volta, quando scesi a farti lume e che tu rimanesti con un piede confitto nell'uscio di casa? [24]

– Mi rammento di tutto – gridò Pinocchio. – Rispondimi su-

[21] *nel vicino paese* (con aggettivo anteposto): località non ben determinata, com'è caratteristico della topografia fantastica del racconto.

[22] *un fuscello...penna*: un ramoscello tagliato aguzzo, usato come pennino.

[23] *stava per cameriera*: era al servizio come cameriera.

[24] Vedi cap. XXIX.

182

bito, Lumachina bella: dove hai lasciato la mia buona Fata? che fa? Mi ha perdonato? Si ricorda sempre di me? Mi vuol sempre bene? È molto lontana di qui? Potrei andare a trovarla?

A tutte queste domande fatte precipitosamente e senza ripigliar fiato, la Lumaca rispose con la sua solita flemma:

– Pinocchio mio! La povera Fata giace in un fondo di letto [25] allo spedale! [26]...

– Allo spedale?...

– Purtroppo. Colpita da mille disgrazie, si è gravemente ammalata e non ha più da comprarsi un boccon di pane.

– Davvero?... Oh! Che gran dolore che mi hai dato! Oh! Povera Fatina! Povera Fatina! Povera Fatina!... Se avessi un milione, correrei a portarglielo... Ma io non ho che quaranta soldi... eccoli qui: andavo giusto a comprarmi un vestito nuovo. Prendili, Lumaca, e va' a portarli subito alla mia buona Fata.

– E il tuo vestito nuovo?...

– Che m'importa del vestito nuovo? Venderei anche questi cenci [27] che ho addosso, per poterla aiutare! Va', Lumaca, e spicciati [28]: e fra due giorni ritorna qui, che spero di poterti dare qualche altro soldo. Finora ho lavorato per mantenere il mio babbo: da oggi in là, lavorerò cinque ore di più per mantenere anche la mia buona mamma. Addio, Lumaca, e fra due giorni ti aspetto.

La Lumaca, contro il suo costume, cominciò a correre come una lucertola nei grandi solleoni d'agosto [29].

Quando Pinocchio tornò a casa, il suo babbo gli domandò:

– E il vestito nuovo?

– Non m'è stato possibile di trovarne uno che mi tornasse bene. Pazienza!... Lo comprerò un'altra volta.

Quella sera Pinocchio, invece di vegliare fino alle dieci, vegliò fino alla mezzanotte suonata: e invece di far otto canestre di giunco, ne fece sedici.

---

[25] *in un fondo di letto*: per malattia cronica.

[26] *spedale*: ospedale.

[27] *cenci*: stracci, abiti consunti.

[28] *spìcciati*: fa' presto.

[29] Una lumaca che corre come una lucertola può vivere soltanto nel mondo surreale del racconto di Pinocchio.

Poi andò a letto e si addormentò. E nel dormire, gli parve di vedere in sogno la Fata, tutta bella e sorridente, la quale, dopo avergli dato un bacio, gli disse così:

«Bravo Pinocchio! In grazia del tuo buon cuore, io ti perdono tutte le monellerie [30] che hai fatto fino a oggi. I ragazzi che assistono amorosamente i propri genitori nelle loro miserie e nelle loro infermità, meritano sempre gran lode e grande affetto, anche se non possono esser citati come modelli d'ubbidienza e di buona condotta. Metti giudizio per l'avvenire, e sarai felice».

A questo punto il sogno finì, e Pinocchio si svegliò con tanto d'occhi spalancati.

Ora immaginatevi voi quale fu la sua meraviglia quando, svegliandosi, si accorse che non era più un burattino di legno: ma che era diventato, invece, un ragazzo come tutti gli altri. Dette un'occhiata all'intorno e invece delle solite pareti di paglia della capanna, vide una bella camerina ammobiliata e agghindata [31] con una semplicità quasi elegante.

Saltando giù dal letto, trovò preparato un bel vestiario nuovo, un berretto nuovo e un paio di stivaletti di pelle, che gli tornavano una vera pittura [32].

Appena si fu vestito gli venne fatto naturalmente di mettere le mani nelle tasche e tirò fuori un piccolo portamonete d'avorio, sul quale erano scritte queste parole: «La Fata dai capelli turchini restituisce al suo caro Pinocchio i quaranta soldi e lo ringrazia tanto del suo buon cuore». Aperto il portafoglio, invece dei 40 soldi di rame, vi luccicavano quaranta zecchini d'oro, tutti nuovi di zecca.

Dopo andò a guardarsi allo specchio, e gli parve d'essere un altro. Non vide più riflessa la solita immagine della marionetta di legno, ma vide l'immagine vispa e intelligente di un bel fanciullo coi capelli castagni [33], cogli occhi celesti e con un'aria allegra e festosa come una pasqua di rose [34].

---

[30] *monellerie*: di spetti da ragazzo.

[31] *agghindata*: ordinata.

[32] *gli tornavano una vera pittura*: gli stavano indosso alla perfezione.

[33] *castagni* (= *castani*): di colore marrone.

[34] *come una pasqua di rose* (la "pasqu a di rose" è la Pentecoste): si dice

In mezzo a tutte queste meraviglie, che si succedevano le une alle altre, Pinocchio non sapeva più nemmeno lui se era desto davvero o se sognava sempre a occhi aperti.

– E il mio babbo dov'è? – gridò tutt'a un tratto: ed entrato nella stanza accanto trovò il vecchio Geppetto sano, arzillo [35] e di buon umore, come una volta, il quale, avendo ripreso subito la sua professione d'intagliatore in legno, stava appunto disegnando una bellissima cornice ricca di fogliami, di fiori e di testine di diversi animali.

– Levatemi una curiosità, babbino: ma come si spiega tutto questo cambiamento improvviso? – gli domandò Pinocchio saltandogli al collo e coprendolo di baci.

– Questo improvviso cambiamento in casa nostra è tutto merito tuo – disse Geppetto.

– Perché merito mio?...

– Perché quando i ragazzi cattivi diventano buoni, hanno la virtù di far prendere un aspetto nuovo e sorridente anche all'interno delle loro famiglie [36].

– E il vecchio Pinocchio di legno dove si sarà nascosto?

– Eccolo là – rispose Geppetto: e gli accennò un grosso burattino appoggiato a una seggiola, col capo girato sur [37] una parte, con le braccia ciondoloni [38] e con le gambe incrocicchiate e ripiegate a mezzo, da parere un miracolo se stava ritto.

Pinocchio si voltò a guardarlo; e dopo che l'ebbe guardato un poco, disse dentro di sé con grandissima compiacenza:

– Com'ero buffo, quand'ero un burattino! E come ora son contento di essere diventato un ragazzino perbene!...

ancora «allegro come una pasqua», ad esprimere un senso di profonda allegria (qual è quello che contraddistingue per i cattolici il giorno pasquale, nel ricordo della resurrezione di Cristo).

[35] *arzillo*: agile nel fisico.

[36] Dichiarazione non priva di moralismo (come d'altronde tutta la favola del burattino «diventato un ragazzino perbene»), che conclude una serie su cui abbiamo cautamente evitato di soffermarci, ma che il lettore avrà di volta in volta avvertito.

[37] *sur* (= su): da.

[38] *ciondoloni*: abbandonate, inerti.

INDICE

187

Finito di stampare
nel mese di Giugno 2013
da Stampa Editoriale srl
per conto di Guerra Edizioni guru srl - Perugia